罗斯福新政时期
美国劳资关系研究

韩 冰◎著

Luosifu Xinzheng Shiqi
Meiguo Laozi Guanxi Yanjiu

光明日报出版社

图书在版编目（CIP）数据

罗斯福新政时期美国劳资关系研究 / 韩冰著 . -- 北
京 : 光明日报出版社 , 2018.8（2022.9 重印）
ISBN 978-7-5194-4597-3

Ⅰ . ①罗…　Ⅱ . ①韩…　Ⅲ . ①劳资关系—研究—美国
—1933-1936　Ⅳ . ① F249.712.6

中国版本图书馆 CIP 数据核字 (2018) 第 206293 号

罗斯福新政时期美国劳资关系研究
LUOSIFU XINZHENG SHIQI MEIGUO LAOZI GUANXI YANJIU

著　　者：韩　冰

责任编辑：鲍鹏飞　　　　　　　封面设计：宝蕾元
责任校对：慧　眼　　　　　　　责任印制：曹　诤

出版发行：光明日报出版社
地　　址：北京市西城区永安路 106 号，100050
电　　话：010-67022197（咨询），010-63131930（邮购）
传　　真：010-67078227，67078255
网　　址：http://book.gmw.cn
E－mail：gmrbcbs@gmw.cn
法律顾问：北京市兰台律师事务所龚柳方律师

印　　刷：三河市华东印刷有限公司
装　　订：三河市华东印刷有限公司
本书如有破损、缺页、装订错误，请与本社联系调换，电话：010-67019571

开　　本：170mm×240mm
印　　张：12　　　　　　　　　字　　数：187 千字
版　　次：2018 年 8 月第 1 版　　印　　次：2022 年 9 月第 2 次印刷
书　　号：ISBN 978-7-5194-4597-3

定　　价：58.00 元

摘　要

　　劳资关系是随着资本主义的出现而出现的，美国是典型的资本主义国家，其劳资关系和劳资政策值得我们关注。特别是罗斯福新政时期，美国的劳资政策出现了重大扭转，其劳资调控政策规模之大、内容之完善达到了前所未有的水平，对劳工保护程度之加强在美国历史乃至当时世界都是罕见的。这一时期成为美国历史上处理劳资关系最为积极进步的时期之一，也是美国劳资调控体系正式形成的时期。

　　20 世纪 30 年代资本主义世界陷入了有史以来最为动荡不安和急剧变化的时期，经济危机猛烈冲击美国，失业队伍急遽扩大。为了生存，广大工人纷纷采取不同形式进行反抗，资本主义制度处于风雨飘摇中。面对迫在眉睫的多重危机，罗斯福政府认识到传统的自由放任思想已失灵，必须转变统治观念，运用国家力量对美国经济社会生活实行全面调控；只有改善工人群众经济政治处境，通过实施新的劳资政策来缓解劳资矛盾，才能将各种矛盾及其"离心效应"置于可控范围内。因此，从 1933 年到 1939 年实施新政的六年间，罗斯福政府先后通过了涉及集体谈判、社会保险、工资工时标准等多方面的劳工立法；实施了社会保障政策，初步建立起社会保障体系；推行以工代赈工程，解决失业问题。

　　这些政策的实施对以后美国社会产生了重大影响，其不仅促进了当时社会经济的恢复、稳定了社会秩序，并促使新的具有某些社会主义因素的劳资关系格局形成，对后世政府产生了深远影响；但同时也消弭了工人的斗志、磨损了工人运动的锋芒。由于时代与阶级所限，其不可能脱离资本主义的生产方式，摆脱资本主义追求最大利润的本性，去真正维护广大下层群众的利益；因此其并不能彻底解决资本主义本身固有的矛盾，不可避免地具有局限性。而不可否认的是，这些劳资政策的内容、解决劳资冲突的途径、处理劳资矛盾的方法为美国乃至其他国家都提供了借鉴。我国作为实行社会主义市场经济的国家，也面临着如何处理劳动关系问题，特别是我国现在正处于社会经济的转型时期，劳动关系较为复杂。为保持和实现我国经济快速发展，我们必须处理好劳资关系，有必要对美国罗斯福新政时期的劳资关系进行研究，以为我国发展提供借鉴。

Abstract

The Industrial relations arise with the looming and booming of the capitalism industry. America is one of the typical capitalist countries, whose industrial relations and policies deserve we pay more attention to. Especially in the New Deal, American industrial relations and policies had been reversed immensely, whose length – scale and consummation – content had achieved unprecedented height, and the strength in labor protection is rare in the American history as well as in the world. This era becomes one of the most positive progressing time in the US history of labor legislation.

The capitalism world fell into the most turbulent and the rapidest changing time in the 1930s. The economic crisis heavily struck America and lead to sudden surging in unemployment. The workers had no choice but to take different measures against the government. The capitalist system was swaying in the rage storm and tottering on the edge of collapse. Facing imminent multiple crises, the Roosevelt government realized that the traditional liberalism thought had malfunctioned and they must transform the predominant idea. They must implement the comprehensive regulation to the US economic society life by using the national strength, improve the working masses' economic and political situation, and alleviate labor contradiction through implementing the labor legislation. Only by this way can it set each kind contradictory and its "centripetal effect" into controllable scope. Therefore, during the six years of the New Deal, from 1933 to 1939, the Roosevelt government promulgated many labor laws concerned collective bargaining, social security, wage – hour and so on.

The implementations of these laws had exerted profound influence on the Ameri-

can society. Overall, the labor laws of the New Deal promoted the restoration of so-
cial economy, and stabilized the society. It also urged the appearance of new relation
pattern between labor and management which has socialist factors. And it had made
great influence upon the following generations of governments. Meanwhile, it had ex-
tinguished worker's fighting spirit. However, because of the limitation in time and so-
cial class, they could not be separated from the capitalism production method to
maintain the benefit of the lowest class of the community. Therefore they cannot settle
the inherent contradiction of capitalism thoroughly. Obviously they inevitably were not
limitless. There is no denying that the legislation content, the solution of labor con-
flict etc, all have provided the model for the US and even other countries. As a
country which prosecutes socialist market – oriented economy, China also has faced
the problem how to handle industrial relations. As private enterprises and foreign –
funded ventures have developed in China, China's labor disputes began to e-
merge. In order to maintain the rapid economic development, we must properly han-
dle industrial relations, and it is necessary to learn lessons from America in order to
promote our country's development.

目录
CONTENTS

引　言

0.1　问题的提出

我国现在正处于社会经济的转型时期，劳资关系较为复杂；随着私营企业、外资企业在我国的发展，我国劳动争议问题也开始走向表面化；而国际贸易中大量劳工权利主张的提出与实施，使劳动者权益保护问题也日益受到越来越多的国家的关注。这些都使如何加强我国劳动者权益保护问题提上日程。美国作为市场经济国家中最具典型的代表，在处理劳资关系、保护劳动者权益方面积累了不少值得我们借鉴的经验，特别是在富兰克林·D. 罗斯福时期，美国对劳资关系的处理，尤其是在劳工立法方面得到了进一步的发展与完善。分析和研究美国罗斯福时期的劳工立法的制度背景、主要条款等方面的问题，对于促进我国处理劳资关系的研究、改革完善我国劳动立法、提高解决社会转型时期出现的种种问题的有效性都具有理论和现实意义。

1. 为什么研究劳动关系

只要实行市场经济，就必然存在着雇佣双方，就必然面临着处理劳资双方关系问题。在市场经济体制下，作为出卖劳动力的雇员和实施管理的雇主，由于其分工、职责、地位等方面的不同，不可避免地会产生利益分配的差异，这种差异使得劳资关系主体处于不平等的地位。因此，市场不能自发地调节劳资关系、保护劳工权益，这就必须由政府通过法律等宏观政策来进行解决。

我国自改革开放实行市场经济以来，劳资关系问题日益突显：下岗人员的就业基本制度和就业保障问题亟待解决；农民工基本权利的维护政策尚需完善……如不解决好这些弱势群体亟须解决的问题，势必会对中国社会的稳定与发展产生极大的负面影响。因此我国有必要加大劳动立法，吸取世界其他国家在处理劳资矛盾特别是在社会转型时期成功处理社会矛盾、吸纳弱势群体的经验教训。只有这样，才能够真正有效地维护我国社会的稳定、促进经济的持续发展，为构建和谐社会创建坚实的基础。

另一方面，我国劳动立法不尽完善，劳动法的相关规定或付诸阙如，或不够统一，或是未能与时俱进。自1994年颁布《劳动法》到现在已过去十多年的时间，期间我国社会发生了巨大的变化，劳动者阶层也在这十几年中发生了新的变化，原有的劳动法律条款、劳工政策已开始显得与实际情况不符，对于工人权利的维护与保障已显得力不从心。因此，为了进一步加强对劳动者权益的维护，我们有必要对其进行调整与完善。而在完善的过程中，借鉴别国的成功经验，吸取其已经付出代价的教训，对于促进我国的政策调整有着积极的弥补与向导作用。

2. 为什么选择美国罗斯福新政时期

选择美国，特别是富兰克林·D. 罗斯福时期有其特定的原因。

（1）资本主义国家最早实行了市场经济，而在实行市场经济的过程中，不可避免地会产生劳动者与雇佣者、资本与劳动的矛盾。因此调整雇主与劳动者之间矛盾的法律也最早产生于实行市场经济的资本主义社会。美国作为西方资本主义社会的典型代表，较早地开始着手处理劳资关系问题，制定了相关的条例、法规，并不断加以完善，形成了较为完整、系统的劳资法律。由于各国政治、经济、文化特别是社会制度不同，因而劳工立法必然会出现本质的区别，但是，不容忽视的是，无论资本主义国家还是社会主义国家它们都面临着如何协调好劳工与雇主的关系问题。我国正逐步由计划经济走向市场经济，当前正走向市场经济的更深处，劳资关系日趋复杂，为保持和实现我国经济快速发展，我们必须处理好劳资关系，有必要借鉴市场经济国家的典型代表——美国的立法实践经验，为我所用。

（2）在资本主义进入垄断阶段后，尤其是 19 世纪 20 ～ 30 年代，资本主义陷入了前所未有的经济大危机中。在这次危机中，资本主义雇佣双方矛盾异常尖锐，工人运动、农民运动接连不断，整个美国社会面临着转型前的极大动荡。在这种情况下罗斯福采取了种种劳工政策，以缓和社会矛盾；而在种种政策中，尤以劳工立法成效显著，包罗面全。正是由于这些劳工立法的制定与实施，美国社会才逐渐从动荡不安过渡到平稳状态，并再次走上了发展的道路。因此，借鉴美国这一时期的经验，从立法中吸取有益成分，对于改革和完善我国现阶段劳工立法、处理和化解我国社会转型期出现的劳资矛盾、吸纳弱势群体具有重大意义。

此外该选题还具有重大的现实与理论意义。

0.1.1 理论意义

首先，研究罗斯福时期美国劳资关系有助于我们正确认识当代资本主义，坚持和发展马克思主义关于资本主义社会的一系列重大理论问题。马克思、恩格斯在《共产党宣言》中对资本主义社会的内在矛盾、发展规律做了科学论述，指出："资产阶级除非对生产工具，从而对生产关系，从而对全部社会关系不断进行革命，否则就不能生存下去。"① 罗斯福时期正值人们谈虎色变的经济大危机爆发时期，资本主义社会陷入了严重的动荡与危机中，工人运动不断涌起，资产阶级面临着前所未有的统治危机。但是，以罗斯福政府为代表的资产阶级对资本主义社会生产关系做出了迅速调整，推出一系列缓和劳资矛盾的立法，初步建立社会保障制度，积极实施以工代赈政策；这些政策的推出使社会矛盾逐步得到缓解，人们的经济生活逐渐稳定，并最终使资本主义社会度过危机走向新的发展道路。

其次，美国总统富兰克林·D. 罗斯福是美国历史上在位时间最长的总统，任期长达四届，他在任时正处于美国社会发生动荡与转型时期，并且此间经历了世界经济大危机和第二次世界大战。罗斯福一直都是学者们青

① 《马克思恩格斯选集》（第一卷），人民出版社，1995 年，第 275 页。

昧的研究对象，有关他的研究著作颇丰，但大部分研究都是围绕罗斯福"二战"时期的外交及实施的经济措施展开的，从劳资关系角度研究罗斯福新政的较少且不够系统、不够深入。此外，对于罗斯福时期美国政府实施的劳资关系调控政策研究，大多数学者多只从历史角度分别对一部分政策做了介绍，对其所产生的深远影响，特别是它对资本主义社会所产生的巨大作用的研究远远不够，甚至完全忽略。20世纪以来，劳工问题虽然逐渐被众多美国学者所关注，但他们的研究大多侧重于工会运动，且把工会运动与美国政府实施的政策联系起来对美国劳资关系进行分析的成果不多。研究理清罗斯福时期美国政府从法律、社会保障等方面对劳资关系进行调节的政策，一方面有利于我们较为清楚地了解当时美国应对大危机的手段与方法，以为当前提供借鉴；另一方面也有助于我们对资本主义的发展有更为深刻的认识、汲取资本主义在发展过程中的有益经验，以推动社会主义社会的建设与发展。研究这一领域对于我们理解和认识这一时代将起到很大的推动作用，也有助于我们认识资本主义长期维持盛而不衰、能够不断应对危机、获得再生的原因。

0.1.2 现实意义

党的十九大明确提出构建和谐劳动关系；劳动关系是生产关系的重要组成部分，是最基本、最重要的社会关系之一；劳动关系是否和谐，事关广大职工和企业的切身利益，事关经济发展与社会和谐。因此，进入新时代，构建中国特色和谐劳动关系显得尤为重要。它是加强和创新社会管理、保障和改善民生的重要内容，是建设社会主义和谐社会的重要基础，是经济持续健康发展的重要保证，是增强党的执政基础、巩固党的执政地位的必然要求。

改革开放以来，我国劳动关系总体稳定，但随着改革发展进入关键阶段，特别是在国有企业改革力度加大、社会转型速度提高、社会保障体系不够健全、全球经济危机下就业形势严峻等情况的影响下，我国社会劳动关系不稳定情况逐渐加剧。全国各级劳动争议仲裁机构立案受理的争议案件已由1987

年的 0.56 万件上升到 2008 年的 69.3 万件①，同时，因劳动争议引发的群体性事件也在不断增多，社会的不稳定性加剧。受全球经济危机的影响，劳动者失业尤其是农民工大规模返乡现象将突显，社会保障体系也将面临新的困难，如处理不慎，劳动争议、劳动关系案件及群体性事件都将会继续上升。劳动关系是最基本的社会关系，没有和谐稳定的劳动关系，就没有正常的生产秩序和社会秩序。因此，无论是从理论层面还是实际生活层面，我们都面临着研究与解决劳资矛盾、保护劳工（劳动者）权益的问题。只有充分调动劳动双方的积极性，才能真正促进我国经济的发展；只有切实维护广大劳动者的权益、健全社会保障体系、吸纳社会弱势群体，才能确保我国的安定团结、保证社会体制的正常运转，为构建和谐社会打下坚实的基础。罗斯福时期美国政府实施的一系列调控劳资矛盾、保护劳动者权益、救助弱势群体的措施成功经验恰好可以给我们以借鉴，对于我们今天完善健全协调劳动关系三方机制、加强对弱势群体的吸纳具有积极意义。

　　"他山之石，可以攻玉"，研究罗斯福时期劳资关系处理的手段与途径有助于我们借鉴美国实施国家干预、解决社会劳资矛盾的经验与教训。随着市场经济在全球的确立，无论是资本主义国家还是社会主义国家都在不同程度上面临着研究与解决劳资矛盾的问题，如何吸纳体制外因素到体制内、如何缓解社会矛盾以建立人与人、人与自然、人与社会相和谐的美好社会，需要我们借鉴历史上一切有益因素。当前我国处于转型期，又面临全球性的经济金融危机，如何安全度过危机、平稳地度过转型期是我们亟待解决的问题。罗斯福上台执政时期，正处在美国危机与转型的时代，其实施的一系列调整劳资矛盾的措施、建立的社会保障体系等应对危机的成功经验在某些方面可以给我们以借鉴，对于我们构建社会主义和谐社会、保证社会体制的正常运转、确保我国的安定团结具有积极意义。

---

① 张彦宁、陈兰通主编：《企业劳动关系案例解析》，企业管理出版社，2006 年，第 2 页。

0.2 理论前提及概念界定

0.2.1 理论前提

1. 马克思主义的国家理论。 马克思与恩格斯曾对国家问题做了诸多研究与探讨，恩格斯曾在《家庭、私有制和国家的起源》中指出："国家绝不是从外部强加于社会的一种力量。……国家是社会在一定发展阶段上的产物；国家是承认：这个社会陷入了不可解决的自我矛盾，分裂为不可调和的对立面而又无力摆脱这些对立面。而为了使这些对立面，这些经济利益相互冲突的阶级，不致在无谓的斗争中把自己和社会消灭，就需要有一种表面上凌驾于社会之上的力量，这种力量应当缓和冲突，把冲突保持在'秩序'的范围以内；这种从社会中产生但又自居于社会之上并且日益同社会相异化的力量就是国家。"① "现代代议制的国家就是资本剥削雇佣劳动的工具。但也例外地有这样的时期，那时相互斗争的各阶级达到了这样的势均力敌的地步，以致国家权力作为表面上的调停人而暂时得到了对于两个阶级的某种独立性。"② 从恩格斯的这些著名论述中，我们可以看到在社会陷入矛盾或者社会生产力发展到一定阶段的时候，国家将实施调控政策，发挥"缓和冲突，把冲突保持在'秩序'的范围以内""控制阶级对立"的职能。资本主义国家虽然是资本剥削劳动的工具，但在一定条件下，还是表面的"调停人"。恩格斯这些关于资本主义国家具有"调停与缓和"职能的精辟论述，是本文研究所遵循的指导思想之一。

2. 马克思主义关于资本主义发展规律的论述。 在 1848 年发表的《共产党宣言》中，马克思、恩格斯揭示了资本主义社会的内在矛盾、发展规律和必然历史命运，指出：资本主义时代中的生产的不断变革、一切社会状

① 《马克思恩格斯选集》第 4 卷，人民出版社，1995 年，第 170 页。
② 《马克思恩格斯选集》第 4 卷，人民出版社，1995 年，第 172 页。

况地不停动荡、永远的不安定和变动使资产阶级除非对生产工具、生产关系、全部社会关系不断地进行革命，否则就不能生存下去。"资产阶级的社会主义"改良，是企图"消除社会的弊病"和避免危及资本主义存在的"斗争和危险"，以"保障资产阶级的生存"。马克思和恩格斯的这些精辟的科学论断，指明了资产阶级实行社会改良、实施劳资调控政策的实质与目的，给我们研究分析罗斯福新政时期的劳资调控政策、深入了解资本主义的发展本质提供了研究思想指南。

　　3. 调控学派的调控理论。20 世纪 70 年代兴起的调控学派（Regulation School）认为："资本主义是由矛盾组成的"，"资产阶级越是因形式的不断变化的竞争而分裂，就越发被迫寻求国家框架内的统一，将整个社会网罗在国家统治的关系之中，从而巩固自己的支配地位。""20 世纪资本主义的发展就是将全部社会关系包罗在内。"[1] 因此，在西方经济和社会发展中存在一种处理社会矛盾的"调控"系统："一般而言，在以大规模生产和消费为主要内容的'福特主义'经济模式上，现代资本主义国家形成了政治、经济和社会的调控体系，其中包括国内调控机制和国际调控机制。国内调控机制主要是调节劳资关系以及不同资本的相互关系；国际调控中有一个先是英国后是美国的'霸权经济'，以国际金融体制等手段调节国家关系。"[2]"调控旨在防止资本主义体系因矛盾的离心效应而崩溃。"[3] 调控学派的这一系统理论为我们研究资本主义应对危机和复制再生的进程提供了概念框架，对本文从宏观角度分析 20 世纪 30 年代经济大危机时期美国资本主义发展得以维持的方法，以及社会矛盾特别是劳资矛盾得到解决的原因提供了分析视角与理论指导。

---

[1]　Michel Aglietta, *A Theory of Capitalist Regulation*. London：Verso，2000，pp. 13 - 16.

[2]　John Allen and Doreen，*Massey, Restructuring Britain：the Economy in Question.* London：Hodder and Stoughton，1988，p. 32.

[3]　R. Boyer，*The Regulation School：A Critical Introduction*. New York：University of Columbia Press，1990，p. 122.

0.3 研究对象及其概念界定

1. 劳资关系

一般又称"劳动关系""劳工关系""产业关系",但因为它们的侧重点各有不同,因此又稍有区别。

劳动关系:通常是指生产关系中直接与劳动有关的那部分关系,具体说是指劳动者与劳动力使用者以及相关组织为实现劳动过程所构成的社会经济关系。

劳资关系(labour–capital relations):这是一种最传统的称谓。所体现的是雇佣工人(工会)与雇主(企业主)的关系。马克思、恩格斯把劳资关系看成是资本主义社会的基础,认为:劳资关系是资本主义社会特有的阶级利益关系,反映的是资本家和雇佣工人之间剥削和被剥削的关系。由此决定了劳资双方必然是一种对抗的关系。这一概念突出劳资区别,主体明确,但具有阶级关系的性质和某种对抗的含义。

劳工关系(labour relation):这一概念强调劳工的地位特别是劳工团体的地位,更注重集体的劳动关系,也比较强调工会与雇主之间的互动过程,尤其是集体协商的过程。我国台湾地区更多使用这一概念。

产业关系(industrial relation):亦称"劳动–管理关系",源自美国,在欧美国家用得较为广泛。有狭义和广义之分,狭义的产业关系等于劳资关系,主要指劳动者及工会与雇主之间的关系;广义的产业关系是指产业及社区中管理者与受雇者之间的所有关系,包括了雇佣关系的所有层面,以及相关的机构和社会、经济环境①;也就是说其不仅包括了工人与雇主之间的关系,还包括与其他机构的关系。本文所使用的劳资关系一词与广义上的产业关系相同,指工人与雇主(资产阶级)以及政府三者之间的关系。其所要解决的是关于劳工政策、经济政策和社会政策等方面的问题。

---

① 卫民:《工会组织与劳工运动》,台湾空中大学,1993 年,第 4 页。

2. 劳工立法

首先要界定几个与该概念意思相关的概念。

立法（Legislation）：此词在法学上有两种含义，一是法律制定，二是法律的内容。法律制定，是指国家机关按照一定的法律程序制定（包括修改或废止）各种法规（法律法令条例决定）等的活动过程。立法的另一种含义是指国家现行的法律规范的总称，主要是指国家法律规范，但也包括行政法规和地方法规的规范，这些规定的总称叫立法。立法的这一含义与广义的法律（Law）基本相同，是指法律本身的实质内容，而不是制定法律的活动过程。本文所提到的立法是指第二种含义。

劳工：有广义和狭义之分，广义上指凡是具有劳动能力，以从事劳动获取合法收入作为生活资料来源的公民；狭义的劳工，即劳动法中的劳工，是指与劳力使用者相对应的一方主体。①

劳工立法：劳工立法（Labor Legislation）顾名思义是关于劳工的立法②。而其所涉及的是狭义的劳工，即有关保护从事某种职业并取得一定报酬的劳动者与用人单位（雇主）的劳动关系以及与劳动关系密切联系的某些关系的法律，它也具有两种含义：一是劳动法规的制定过程，一是劳动法规的实质内容。本文所涉及的劳工立法主要是指第二种含义，即有关罗斯福时期劳工法律的内容及其产生的原因、影响。

3. 社会保障

社会保障（Social Security）又称"社会安全"，最早出现在美国 1935 年颁布

---

① 董保华：《劳工神圣的卫士——劳动法》，上海人民出版社，1994 年，第 25 页。

② 有关劳工立法的概念中外学者不尽一致，大部分中国学者使用"劳动法"一词，关怀主编的《劳动法实务全书》中定义劳动法为："国家制定的调整劳动关系以及与劳动关系密切联系的某些关系的法律规范。"台湾学者史尚宽在《劳动法原论》中认为："劳动法，即规律劳动关系及其附随一切关系的法律制度。"大体看来二人观点相似。但是，外国著作中，常称"劳工法（Labor Law）"或"劳工立法"。但是，笔者还没有查到其直接的定义，在较为著名的美国法律学家罗伯特·A. 高尔曼所著的《劳动法基本教程——劳工联合与集体谈判》（*Basic Text On Labor Law——Unionization and Collective Bargaining*）一书中采用了劳工法概念，但没有明确界定，其译者马静认为，美国劳动法通常分为劳工法（Labor Law）和就业法（Employment Law）。本文所涉及的劳工立法应指其总的含义，包括劳工法和就业法两方面内容。文中定义是综合各种提法而提出的。

的《社会保障法》中，1941 年《大西洋公约》中也两次使用这一概念。1944 年，第 26 届国际劳工大会发表《费城宣言》，国际组织正式采纳"社会保障"一词。1952 年在日内瓦召开的第 35 届国际劳工大会上通过了《社会保障最低标准公约》，该公约被视为社会保障制度建立的里程碑文件，并成为解释社会保障制度规定的基本依据。关于社会保障的概念，世界各国理论界有着不同的解释。英国《牛津法律大词典》中"社会保障"的定义是："社会保障是对一系列相互联系的、旨在保护个人免除因年老、疾病、残疾或失业而遭受损失的法律的总称。"英国《简明不列颠百科全书》中定义为："社会保障是一种公共福利计划，是保护个人及其家庭免除因失业、年老、疾病或死亡而在收入上所受损失，并通过公益服务（如免费医疗）和家庭生活补助，以提高其福利。社会保障可包括：社会保险计划、保健、福利事业和各种维持收入的计划。"德国学者的定义是："社会保障旨在竞争中失败的人不致遭受灭顶之灾，并能获得重新参与竞争的机会；并为那些由于失去劳动能力或遭受意外困难不能参加竞争的人，提供生活保障。"美国《社会保障法》对社会保障的具体理解是："根据社会保障法制定的社会保险计划，对于年老、长期残废、死亡或失业而失掉工资收入者提供保障；同时对老年和残废期间的医疗费用提供保障。老年、遗属、残废和健康保险计划对受保险的退休者和残废者和他们的家属以及受保险者的遗属，按月提供现金待遇。"综合各国定义，本文将社会保障定义为：社会保障是国家和社会通过立法实施的以国民收入再分配为手段，对社会成员的基本生活权利提供安全保障的机制、制度和事业的总称。

4. 以工代赈

以工代赈是指政府投资建设基础设施工程，受赈济者参加工程建设获得劳务报酬，以此取代直接救济的一种扶持政策。

0.4　研究现状与本文的创新之处

0.4.1　国内外研究现状

20 世纪 30 ～ 40 年代，美国历经大危机的震撼，经过罗斯福新政，虽伴有痛苦与曲折，但最终实现了从乱到治的彻底转变，对美国乃至世界资本主义的发展都产生了深远影响。因此，"新政"一直是学者们学术兴趣持续最久的课题，并且"由于新政在美国历史上的重要地位，关于富兰克林·罗斯福时期的著作比 1865 年以来任何可以与之比拟的历史时期的著作都多"①。但总体来看，研究新政的著作大多集中在政治、外交史与经济史方面，关于新政时期劳工史的研究为数不多。关于罗斯福政府实施的劳工政策，学者们或是从经济角度研究罗斯福新政时顺便谈及，或是在叙述罗斯福新政历史时涉及（只是其中内容的一章或一节）。相比较而言，国外学者对罗斯福政府实施的劳工政策以及罗斯福时期劳资关系状况的研究远比中国学者要多，他们涉及这一问题的著述归纳起来大概有以下四种：1. 研究 20 世纪 30～40 年代美国经济危机与新政，如拉尔夫·德·贝茨著的《1933—1973 美国史——"富兰克林·罗斯福当政时期 1933—1945 年"》、德怀特·L. 杜蒙德著的《现代美国》、威廉·爱·洛克滕堡著的《罗斯福与新政》、默里·罗斯巴德的《美国大萧条》、狄克逊·韦克特著的《大萧条时代 1929—1941》等。2. 研究罗斯福总统的个人传记，如康拉德·布莱克著的《罗斯福传》、詹姆斯·麦格雷戈·伯恩斯的《罗斯福》、米勒的《罗斯福正传》、奥尔登·哈奇著的《罗斯福外传》、舍伍德的《罗斯福与霍普金斯二次大战时期白宫实录》、麦肯齐著的《罗斯福总统传》等。3. 梳理与劳工相关的某项政策，关于劳资关系的有丹尼尔·奎因·米尔斯著的《劳工关系》、罗伯特·A. 高尔曼著的《劳动法基本教程》、卡尔著的《从瓦格纳法到人权观察报告：劳工与表达结社权，1935—2000》、霍华德·D. 塞缪尔著的《困境之途：劳工运动与公平劳动标准法》等；关于劳工社会保障方面的有罗伯逊著的《美国的社会保障》、马克与桑德拉合著的《美国社会福利政策：重新估价与改革》。4. 讨论美国劳工运动的，如丹·克劳森著的《下一个怒起：劳工与新的社会运动》、郎达·F. 莱文著的《阶级斗争与新政：产业工人、产业革命与国家》、帕特里·克伦肖

---

① ［美］阿瑟·林克、威廉·卡顿：《一九〇〇年以来的美国史》（下），刘绪贻、王锦、李世洞等译，中国社会科学出版社，1983 年，第 463 页。

的《美国劳工与资本主义共识》、欧文·伯恩斯坦的《新政、劳工与大萧条：美国工人史，1933—1941》、戴维·米尔顿的《美国劳工政治：从大萧条到新政》等。

国内学界虽然从 20 世纪 30 年代就开始对罗斯福政府的施政表现出了极大关注，但专门研究罗斯福时期美国劳工特别是劳工政策与劳资关系的专著尚属空白。20 世纪 30 年代中国学人对新政的探讨主要集中于介绍与评估，如张金鉴发表在《东方杂志》的《日暮途穷之美国经济复兴计划》、乔智千的《美国经济复兴中重要法案之概况与检讨》、马星野的《罗斯福总统之救农政策》，向李润的《美国恢复繁荣声中的经济复兴计划》等，经济政策方面的介绍偏多，贬多褒少的评估居主导地位。20 世纪 80 年代以来随着中国国内的美国研究进入新的发展繁荣阶段，学者对新政的研究也有了新的突破，不仅陆续有论著发表，还出现了一场具有学术史意义的大讨论①。邓蜀生、黄安年、戴志先等较早地提出了重新评价新政的问题②。1989 年以后刘绪贻主编的《富兰克林·D. 罗斯福时代 1929—1945》、胡国成的《塑造美国现代经济制度之路》分别从历史与经济的角度对新政进行了全面评价，发掘了新政在美国现代社会发展乃至世界历史上的意义与地位，这两部著作出版后在学术界产生了重大影响。但是，从劳工角度研究罗斯福新政的论著一直寥若晨星，仅有的几部，如张友伦与陆镜生两位合著的《美国工人运动史》、张友伦的《当代美国社会运动与美国工人阶级》主要是从工人运动史的角度对有组织的劳工的政治与经济活动进行深入分析，对新政时期的劳资关系有少量涉及。蒋劲松从美国社会的具体情况和美国工人的利益取向对新政时期美国劳工运动的变化进行了分析，并提出"社会化"概念，是对美国工人运动、美国劳资关系的研究的一个新突破。所可惜者，近年来有关美国工人运动，特别是

---

① 关于这场讨论的介绍，参见张友伦：《美国史研究百年回顾》，《历史研究》1997 年第 3 期。

② 邓蜀生：《三十年代的经济危机与罗斯福新政》，《外国史知识》1982 年第 11 期；黄安年：《关于罗斯福新政的评价》，《史学评林》1980 年第 1 期；戴志先：《评罗斯福"新政"》，《湖南师范学院学报》1980 年第 1 期。

有关新政时期美国工人运动与劳资关系的研究并不多见①，以致使劳工研究成为罗斯福新政研究中最为沉寂的一个领域。

　　综合来看，国内外涉及罗斯福时期美国劳资关系的论著大多围绕罗斯福政府实施劳资调节政策的原因、影响以及具体措施进行了探讨，并产生了不同的看法。

1. 罗斯福政府加大实施劳资调节政策的原因

　　关于罗斯福政府主动实施调节劳资关系政策的原因，中外学者基本达成一致看法，认为经济的萧条、社会矛盾的激化、工人运动的涌起是主要促动因素。

　　刘绪贻教授运用马克思主义理论较为详细地阐述了罗斯福政府加大干预劳资关系的经济原因。他认为，"罗斯福政府在大危机的打击下已经认识到如果让工人群众的经济政治环境继续恶化，而不提高他们的购买力，资本主义的继续运行是不可能的。但是，要限制垄断资本的过分剥削和压迫行为，改善工人们的处境，在当时的状况下只有政府才能做到。为了恢复经济，提高工人群众的购买力，美国政府抛弃了自由放任政策，站在总资本家的立场上，从垄断资产阶级的总体与长远利益出发，通过实施劳工立法、社会保障政策等来限制各垄断集团的过分剥削和压迫行为，在一定程度上改善工人群众的经济政治生活处境，满足他们的部分要求来维持资本主义的继续运行。"②

　　其他一些学者在谈及罗斯福加大调节劳资关系的原因时也或多或少地从这一角度进行了分析。如有人认为，新政者们提出联邦政府将负责管理劳工市场并把劳工问题作为整个工业问题的一部分来考虑主要是为了恢复经济，比如"通过联邦失业救济而使购买力无限制地输入到经济运行的恢复中"③，

---

① 据李剑鸣统计 1989～2000 年国内学术刊物和大学学报刊登的有关美国史的 976 篇论文中，有关劳工史的只有 9 篇（参见黄安年等主编《美国史研究与学术创新》，中国法制出版社，2003 年，第 35 页。）笔者在期刊网上查询 2000～2008 年国内学术期刊刊登有关美国罗斯福时期劳工方面的文章也仅有 6 篇。

② 刘绪贻：《20 世纪以来美国史论丛》，中国社会科学出版社，2001 年。

③ ［美］理查德·霍夫斯达特：《改革时代——美国的新崛起》，俞敏洪、包凡一译，河北人民出版社，1989 年。

正是为了"适应继续进行的美国资本积累过程的需要",罗斯福政府才通过实施劳工立法来重新调整资产阶级的各阶层关系以及劳资关系,以提高劳工阶层的消费水平,进而缓和矛盾①也有人认为劳工立法是为解决人民群众购买力低下问题,是为"防止悲惨岁月的一项重要途径"②,"只有使工资劳动者从他们生产的产品中取得较大的份额,只有增加生产利润中分给消费者的部分和减少分给投资者和投机者的部分才能恢复和保持消费的市场。"③ 还有人进一步指出经济收入较低的阶层和经济特惠较少的集团的消费力不足是造成萧条的首要原因,解决这一问题的办法就是通过劳工立法,来使社会中具有各种经济地位的人们达到一种平衡,以取代过去那种由企业界一方独占优势的现象④。

除了经济原因外,社会的动荡不安,工人运动的风起云涌也是造成罗斯福政府主动实施调节劳资关系政策的主要原因之一。持此论者提出,1929 ~ 1933 年的经济大危机严重恶化了人民群众生活,直接导致了美国严重的社会危机——广大人民群众纷纷进行了反饥饿的斗争⑤,失业工人进行了声势浩大的反对削减工资的罢工,提出了限制工业工时的口号,这一切都使失业保险、失业救济成为美国活生生的政治问题⑥。可以说,工人运动、社会矛盾激化直接促使罗斯福实施劳工立法,即劳工运动的加强,使罗斯福政府采取了新的形式来维持社会稳定⑦。中国学者大多认同以上观点,认为"没有大危机和工人的积极斗争就没有新政的劳工立法"⑧,"广大人民群众的运动对劳工立法

① Levine, Rhonda F., *Class Struggle and the New Deal : Industrial Labor, Industrial Capital, and the State*. Kan. : University Press of Kansas, 1988.

② 刘达永:《罗斯福的"社会保险"政策及其政治色彩》,《四川师范大学学报》1985 年第 3 期。

③ [美] 德怀特·L. 杜蒙德:《现代美国》,宋岳亭译,商务出版社,1984 年。

④ [美] 拉尔夫·德·贝茨:《1933—1973 美国史 (上卷) 富兰克林·罗斯福当政时期 1933—1945 年》,南京大学历史系英美对外关系研究室译,人民出版社,1984 年。

⑤ 黄安年:《20 世纪美国史》,河北人民出版社,1989 年。

⑥ 刘绪贻、杨生茂主编:《富兰克林·D. 罗斯福时代 1929—1945》,人民出版社,1994 年。

⑦ Bernstein, Irving, *A Caring Society : the New Deal, the Worker, and the Great Depression : a History of the American Worker, 1933—1941*. Boston:Houghton Mifflin, 1985.

⑧ 蒋劲松:《论新政至"二战"时期美国劳工运动社会化》,《世界历史》1991 年第 1 期。

的产生起了推波助澜的作用，广大劳动群众、失业者通过各种形式要求改革，罢工人数不断增长，这些都使罗斯福政府感到了压力，为了维护政权，并从长远考虑，罗斯福推进了劳工立法的实施"①，"促使罗斯福立法改革的是那些罗斯福初期的自发反叛性运动（一些城市出现的失业者组织的自助运动、总罢工的惊人增长）"②。

另外，还有一些学者认为罗斯福政府加大实施有利于劳方的调节政策是受到了历史传统及某些思想理论的影响。他们指出："新政不是从天上掉下来的，不是罗斯福与他的谋士们一时心血来潮想出来的，而是美国不断改良的历史长河中的一个阶段"，"对劳工友好、制定利于劳工的立法是罗斯福继承了威尔逊的改革标准"③；从罗斯福的立法中可以看到进步主义时期实施的劳工政策的影子……同时，某些理论家的观点如瑞安的理论也影响了罗斯福政府政策的实施，瑞安提出，"增加收入的第一个办法是通过强大的工会和最低工资法提高货币工资，然后就可以用间接的措施把货币工资的增加变成实际工资的增加。第二是增加收入的直接办法是以法律确定每周 34 小时工资制，而不减少每周的工资；再有就是增加购买，通过政府大量开支兴办公共工程，直到失业者被私人企业再度吸收为止。"事实证明，罗斯福实施的一系列劳资调控政策，比如《公平劳动标准法》《联邦紧急救济法》，以工代赈等都在不同程度上贯彻了这一思想的某些方面，对美国危机的解决起到了推动作用。

2. 对罗斯福政府劳资政策的评价

关于对罗斯福政府实施的劳资政策的评价，国内外学者答案纷纭，莫衷一是。大体看来，国外学者在评价其影响时，不同派别持有截然不同甚至相反的观点。

1）保守派讳言罗斯福政府的成就。其观点认为新政是"一些没有骨气的自由派为了那些失魂落魄的资本家去拯救资本主义的一种企图"④。罗斯政

---

① 谢新辉：《论大萧条时期美国社会与人民生活》，《湛江师范学院学报》2002 年第 2 期。
② ［美］霍华德·津恩：《美国人民的历史》，许先春、蒲国良等译，上海人民出版社，2000 年。
③ 资中筠：《20 世纪的美国》，三联出版社，2007 年。
④ John Gunther, *Inside U·S·A*. NewYork：Harper & Brothers，1947.

府的劳资政策并没有给社会带来什么益处，甚至认为新政是苛政，不是榨取富人，而是榨取成功者①。他们多攻击罗斯福政府政策造成的巨大的赤字开支，认为帮助工人就业扼杀了个人的自由，利于工人的立法直接挫伤了企业的积极性，并且降低了州与地方政府及个人的责任感②。不可否认，立法确实造成了赤字开支，但是其认为扼杀了个人的自由、挫伤了企业的积极性则完全是从资本家的立场出发的，只不过是对限制了垄断资本家对工人的随意剥削的埋怨，显然这种观点过于偏颇。

2）新左派对劳资政策的评论较为客观，其认为：罗斯福政府的劳资政策使一半以上的失业者找到了工作，并给予了下层阶级一定的利益满足。但是其也指出，这些只是资产阶级的一种善意感的体现，并不是真正从工人阶级的立场出发而进行的，"只是稍微抑制一下个别最不受抑制的资本主义利润的代表者，稍微加强一下国民经济调节原则。"③

3）自由主义者对新政立法表现出极大的同情态度，评价较高。有学者从社会角度出发，认为：新政立法，不仅管制企业界，而且支持成立工会、给上年纪的人发放养老金、救济贫苦人，"向被遗忘的人伸出救援之手"；罗斯福政府的这种援助不是作为施舍，而是"作为政府的职责，负起了保证每个美国人的最低生活水准的责任"；同时新政立法"在州际贸易的范围内取消了童工，而且由于规定最低工资和最高工时，几乎消灭了血汗工厂"，为美国走入现代奠定了基础④。同时，"有组织的劳工与资本主义取得了某种和谐，不仅成为民主党力量联邦的一个重要组成部分，而且也成为国家制度的一部分。"⑤ 也有学者从对资本主义国家生命力的作用之处着眼，认为，"罗斯福没有重新塑造美国的整体计划，而只是对这一方面或那一方面做些修补改

① Bernard Asbell, *The F・D・R Mermoirs*. NewYork：Doubleday, 1973.
② ［美］罗伯特・J. 格林：《重建美国人的梦想》，章仁铨、林同奇译，上海译文出版社，1983 年。
③ ［美］霍华德・津恩：《美国人民的历史》，许先春、蒲国良等译，上海人民出版社，2000 年。
④ ［美］威廉・爱・洛克滕堡：《罗斯福与新政》，朱鸿恩、刘绪贻译，商务印书馆，1993 年。
⑤ Patrick D. Renshaw, *American Labour and Consensus Capitalism, 1935—1990*. Macmillan Education Ltd, 1991.

进"①，"资本主义经过他（罗斯福）的手术，得到的不是死亡，而是变得比过去更强壮，并取得新的生命"②。

国内学者 20 世纪 30 年代以前大多持批判态度看待罗斯福政府政策。20 世纪 80 年代以来大部分学者运用马克思主义的观点，采取辩证的分析方法重新对罗斯福政府的政策进行了分析评价：一方面，认为其具有进步意义；另一方面也指出其实质是资产阶级为了维护自身统治而采取的一项措施，而不是真正为了维护工人阶级的利益。

有关对其积极影响的评价，大致有以下三种。

1）认为其提高了工人和工会在社会上和工业中的地位，是"劳工运动再生的产婆"。持此论者指出，新政劳工立法特别是 1935 年的《瓦格纳法》，使得劳工有了通过自己选择工会进行劳资谈判的权利，劳工地位空前提高。他们成立了有组织的工会，结束了传统公司的专制暴行，扫除了许多"血汗工厂"，规定了最低限度劳动标准和工资标准。与此同时，工会力量的加强，又为罗斯福总统和以后的民主党政府提供了更广泛的政治基础③。

2）缓和了社会矛盾，保障了社会生产力的发展。持此观点的学者认为，新政的劳工立法如《社会保障法》，在一定程度上借鉴了社会主义制度的某些优越之处，保全了美国的资产阶级的民主制度，并巩固和扩大了这一制度的基础，推动了美国向现代资本主义——福利国家的发展④。还有学者从社会保障法出发评价罗斯福劳工立法，认为其起到了社会安全阀的作用，适应了社会生产力的发展需要，协调了各种利益集团的矛盾⑤。

3）对美国社会以后的劳工政策产生了影响。论及这一观点的著者不是很多，所谈及者说明得也较为笼统，但是都肯定了罗斯福新政对罗斯福以后的

① James MacGregor Burns, *Roosevelt*, *the Lion and the Fox*. London：Secker & arburg，1956.
② ［美］罗伯特·舍武德：《罗斯福与霍普金斯》，福建师范大学外语系编译室译，商务印书馆，1980 年。
③ 任东来等：《当代美国———一个超级大国的成长》，贵州人民出版社，2000 年。
④ 张友伦、李剑鸣主编：《美国历史上的社会运动和政府改革》，天津教育出版社，1992 年。
⑤ 黄安年：《当代美国社会保障政策》，中国社会科学出版社，1998 年。

政府改革产生了影响。历届政府都在福利制度上添枝加叶①，如杜鲁门的公平施政中的劳动立法、肯尼迪解决结构性失业问题所采取的政策等，都在不同程度上沿袭了罗斯福新政时期的做法②。

对罗斯福新政消极影响的评价主要集中于一点，即认为他是为巩固资产阶级的自身统治而服务的，并不是真正要改善工人的政治经济地位，其立法内容并没有也不可能完全实施。持此论点的学者指出：其法律是资产阶级政府约束它内部个别最不受抑制的资本主义利润代表者管束它内部不按资本主义轨道行走的"人"，其最终目的是为维护资产阶级的利益、维持资本主义的统治秩序③；"劳工立法不过是在资本主义的范围内对资本主义的某些弊病加以限制和改良，是遏制社会主义运动和激进工人运动的手段罢了"④，其"不可能治疗资本主义痼疾，在解决带根本性的失业问题上是失败的"⑤。也有学者从美国国家垄断资本主义的性质出发进行分析，认为：罗斯福实施的劳工立法在一定程度上改善了广大劳动人民的政治经济处境，但它是为了减轻资本主义的基本矛盾作用，是为了缓和阶级斗争⑥。

0.4.2 本文创新之处

检视有关罗斯福时期的研究论述，不难看出研究者希望通过对新政这一重大历史事件的探讨，更进一步了解美国成功应对危机的经验教训，力求达到"温故知新，应答现实和启迪未来"的目的。但广大学者特别是中国学者对新政时期的经济、外交研究较多，对当时的劳资关系涉及较少，对相关问题的探讨也欠深入，更少有系统论述。新政时期，罗斯福政府推出了一系列缓解劳资矛盾的措施，这些措施对成功扭转危机、维护资本主义的统治起了

① 资中筠：《20世纪的美国》，三联出版社，2007年。
② 张友伦、李剑鸣主编：《美国历史上的社会运动和政府改革》，天津教育出版社，1992年。
③ 张友伦、李剑鸣主编：《美国历史上的社会运动和政府改革》，天津教育出版社，1992年。
④ 张友伦、陆镜生：《美国工人运动史》，天津人民出版社，1993年。
⑤ 中国美国史研究会编：《美国史论文集》，三联书店，1983年。
⑥ 刘绪贻：《20世纪以来美国史论丛》，中国社会科学出版社，2001年。

重要作用。可以说，劳资政策在罗斯福新政中占有不可忽视的重大地位。因此我们有必要从科学社会主义和国际共产主义运动的角度对罗斯福新政时期的劳资关系的变化做进一步的研究。

1. 增强对罗斯福时期美国劳资政策及劳资关系的系统化探讨。大多数学者在分析罗斯福政府的劳资政策时多只从某一方面入手，如社会保障政策、以工代赈等。毋庸置疑，这些政策对缓解当时经济危机起了重大作用，但是，单从某一方面阐释似乎过于简单且缺乏系统性，这不利于我们全面了解罗斯福时期劳资政策及劳资关系发展态势。罗斯福时期实施的政策虽然大部分具有应急性，但是现在综合来看仍有其系统性与完整性，涉及有关劳工权益的方方面面，如集体谈判权、组织工会、社会保障、社会救济等等。显然单从社会保障方面阐述是远远不够的，似乎过于单薄，且易失偏颇。对于其他视角，比如罗斯福时期制定了大量劳工立法也应加以关注。综合各方面因素加以分析，将不仅有助于认识罗斯福时期美国劳资关系发展状况、美国迅速缓解社会矛盾的原因，还有利于我们理解美国政府社会职能的增强和社会地位的变化。

2. 对罗斯福政府实施劳资调控政策的影响做了更深入的探讨。对于罗斯福时期美国政府实施的劳资政策所产生的影响及评价，我们不能过于偏激。一方面，我们不能只看到其积极因素或只强调消极影响，应从不同角度、不同方面进行全面研究评价。只有这样我们才能真正从中汲取经验教训，为我国制定和实施劳动法、解决劳资问题提供借鉴。另一方面，我们不能仅仅看到罗斯福政府劳资政策的现实作用和其在一国范围内的影响，而忽视了它的长远价值和世界影响。自罗斯福新政以后，美国社会劳资关系发生了重大变化，政府不再一味偏袒资方，而是以积极调解者的姿态对全社会进行调控，并适时实施有利于劳工的政策，极大缓解了社会矛盾特别是劳资矛盾，延长了资本主义的"寿命"。本文尽量扩大空间、时间范围去认识罗斯福新政的一系列政策，只有这样我们才能真正了解当代资本主义的发展。

3. 研究中尝试采用多种研究方法。长期以来中国的美国学研究中存在方法论局限，比如：研究者大多希望通过理论阐发来展示研究的特色，以致往往出现因片面倚重理论而导致"史""论"脱节的局面；长期沿用阶级分析法，注重对立阶级的矛盾与斗争，忽视了相互间的妥协与协调。美国社会始终存在多样性与特殊性且各利益群体在宪政框架内的互动复杂，因此简单的阶级对立分析并不能解释美国社会发展状况。劳资关系、劳资政策研究涉及范围广泛，既涉及政治学、历史学方面的内容，又涉及社会学、法学等方面内容；因此在研究的过程中应注重运用多种学科的研究方法，并注意做到史论结合，以期比较准确地分析问题，解析史实。

　　本文在写作过程中注意对以上三个问题的探讨。以劳资关系为切入点，以罗斯福新政时期美国政府实施的劳资政策为主线，以马克思主义国家理论及社会调控理论为指导，运用多种研究方法多方面、多角度地探讨这一时期美国劳资关系在新的劳资政策下的变化与发展，力求做到史论结合、全面系统。

第 1 章　罗斯福新政之前的美国劳工状况与劳资关系

　　劳资关系是随着现代资产阶级和无产阶级的出现和形成而产生和发展起来的。1776 年美国建国之初，资本主义关系发展尚不成熟，真正意义上的劳资关系也未出现。相对而言，工场手工业时期行会师傅与伙计之间的关系还算不上真正意义上的劳资关系，而是一种简单的，甚至是"温情脉脉"的合作关系。资产阶级工业革命开始以后，资本主义的工业化大生产使大量劳动力集中到工厂，产生了资本家剥削雇佣工人的真正劳资关系。到 19 世纪 40 年代，随着工业革命的深入发展，美国工业化程度不断提高，劳资关系也由简单转为复杂、由合作变为对抗，劳资矛盾逐渐加深。广大劳工为维护自身利益，采取了破坏机器、罢工等方式对抗资产阶级雇主的剥削。无产阶级发展壮大与成熟后，他们又联合起来组成工会来维护自身利益。这一时期，美国的劳资关系调控权掌握在资方雇主手中，各州政府作为调控主体完全偏袒资方，对工人阶级的反抗实行严厉镇压。19 世纪末 20 世纪初，在美国工人运动与"进步主义运动"的推动下，考虑到统治需要，美国各州政府开始逐步转变完全偏袒资方的态度与立场，颁布了一系列有益于劳工的立法，联邦政府也尝试实施了一些调控劳资关系的政策。到 20 世纪 30 年代罗斯福新政时期，美国劳资关系立法与调控逐步由各州主导变为由联邦主导，劳工立法也达到高潮，美国步入全方位劳工立法时代。

1.1 资方主导的劳资关系时期

美国是继英国之后较早开展工业革命的国家之一。18 世纪末工业革命开始后，美国工人的状况有所恶化。经济危机的不断加剧，促使美国工人的状况每况愈下：美国工厂的工作时间是每天 14 个小时、16 个小时，甚至 18 个小时，工人除了睡觉、吃饭外没有任何休息时间；工人的工资不足以维持最起码的生活，还经常被罚款克扣；工厂的劳动条件极其恶劣，工人的生命和健康几乎得不到任何保障。为了改善自身的工作生活状况，工人阶级逐步联合起来开展了种种反抗斗争，并建立了自己的工会组织来表达自己的利益诉求。而资产阶级则通过镇压、禁令等手段来压制和解决劳资矛盾。从 18 世纪末工业革命、工人阶级形成到 19 世纪 80 年代，工人阶级的工作、斗争状况及资产阶级实施劳工禁令的情况大致经历了以下几个阶段。

1.1.1 工人运动兴起和工会萌芽（工业革命开始—19 世纪 50 年代）

1.1.1.1 工业革命的开始

18 世纪中叶，从英国开始的工业革命是资本主义从工场手工业阶段向大机器生产阶段转变中的一次伟大的变革。它以技术革命为手段，使资本主义社会生产发展进入了狂飙突进。美国是继英国之后较早开始工业革命的资本主义国家之一。关于美国工业革命的开端，学术界众说纷纭，大体有以下几种看法：1. 1790 年后（C. P. 内特尔斯、方纳）；2. 1800 年左右（福斯特）；3. 19 世纪 20 年代（R. W. 福格尔）；4. 19 世纪 30 年代（D. C. 诺恩）；5. 19 世纪 40 年代（W. W. 罗斯托、高尔曼·阿普特克等）；6. 60 年代内战以后（L. M. 哈克）。各种说法均有自己的根据，但是，依据新生事物总是从幼小时代开始及其本质已与旧事物有了根本区别的特点上，我们把 18 世纪 90 年代作为美国工业革命的开端，马克思说过："工具机是 18 世纪工业革命的起点。"[1] 珍妮纺纱机的发明

---

[1] 《马克思恩格斯全集》第 23 卷，人民出版社，1985 年，第 410 页。

使英国步入了工业革命时代，并随后带动了世界各地工业革命的发展。1790
年 12 月，英国移民塞缪尔·施莱特把制造珍妮纺纱机的全部技术和工厂管理
方法带到美国，在罗德艾兰的波特基特建立了一家棉纺工厂[①]，从此美国也拉
开了工业革命的帷幕。

　　随着工业革命的深入发展，新式工具机在美国也不断改进和创新。继英
国瓦特发明蒸汽机后，美国人奥利弗·伊文斯创造了适合美国国情的蒸汽机。
这种蒸汽机虽耗费燃料但构造简单，符合美国工厂技术力量不足但资源丰富
的特点，因此伊文斯蒸汽机很快在美国投入使用并得到推广，1812 年，伊文
斯制造的十台蒸汽机投入使用，到 1820 年，全国大约有十二家使用蒸汽机的
工厂。而到 1833 年，单在匹兹堡一地就有 90 台蒸汽机在运转[②]。新蒸汽机的
出现为交通运输工具提供了强大动力，进而推动了交通运输业的发展。1807
年，美国人富尔顿发明了汽船，它具有载重量大、速度快、航行安全的优点，
因此很快成了水路交通运输的工具。这密切了美国国内东部水系、大湖区水
系、密西西比河水系和远西部水系的联系，促进了全国商业的发展。陆路方
面，1830 年，美国开始建造第一条正规铁路；到 1840 年，美国铁路总长已达
2818 英里[③]。铁路把美国东部几个州相互连接起来，波士顿、费城和巴尔的
摩等重要的铁路枢纽开始成为繁荣的工业城市。

　　蒸汽船的使用、铁路的修筑以及蒸汽机车的大量应用，不仅加快了东部
地区的工业发展，还加速了西部的开发进程；这些又进一步推动了与铁路、
蒸汽机相关制造业的发展。据统计，从 19 世纪 40 年代开始，美国 U 形铁轨
工厂的数目日益增加，1846 年到 1849 年的三年间，全美建成了 16 家铁轨厂，
年产铁轨 10 万吨以上[④]。而与此同时，棉纺织业也得到了飞速发展：1815
年美国全国纺织厂 170 家，纱锭 134 214 枚；1830 年已增加到 795 家，纱锭

---

① 张友伦、陆镜生：《美国工人运动史》，天津人民出版社，1993 年，第 86 页。

② 张友伦、陆镜生：《美国工人运动史》，天津人民出版社，1993 年，第 87 页。

③ *Historical Statistics of the United States Colonial Times to 1957*. Washington：Bureau of Census &Social Science Research Council，1960，p. 427.

④ 张友伦、陆镜生：《美国工人运动史》，天津人民出版社，1993 年，第 90 页。

124万枚，纺织厂的数量几乎增加了5倍，而纱锭数量则增加了近10倍。同期，棉纺织工人也因纺织业的扩大而增加，从62 000人增加到了122 000人。

工业革命的产生与发展促使并加快了美国工业资产阶级与无产阶级的形成与壮大。工业革命使资产阶级的统治最终在美国得以确立与巩固，资产阶级的力量逐渐壮大，他们对政治和经济生活的影响越来越大，例如号称"波士顿帮"的15家大家族控制了全国纱锭数的20%、马萨诸塞州铁路线的30%和整个保险业资金的39%、波士顿地区银行资金的40%[①]。与此同时，无产阶级的队伍也不断壮大。恩格斯考察英国工人阶级成长过程时说过："随着机器大生产的发展，以前中等阶级的下层、小工业家、小商人和小食利者，手工业和农民都降落到无产阶级的队伍里来了。他们挤在工业资本家的大工厂里像士兵一样被组织起来，受到各层工头的监视。"[②]这种状况也完全适用于由英国移民组成的美国。在机器大生产的条件下，美国无产阶级日益沦为机器的附属品。无产阶级反对资产阶级的斗争也随之发生，并由自发走向自觉。可以说，工业革命也促使了工人运动的产生。

1.1.1.2　工人运动的兴起

工业革命开始以后，美国工人状况逐步恶化，由于开始采用机械化生产，工人们的工作节奏变得更快，强度更大，而且劳动时间仍然很长，工资也没有什么增长。据统计，在钢铁行业中非常熟练的工匠工资还不到20美元。当时妇女缝鞋，每星期工作80小时，挣得不足2.5美元。不仅如此，工人们的工作环境也更加恶劣。从当时妇女改革家凯瑟琳·比彻对工厂里工厂制度的描述中，我们可以窥见一斑：

> 我在寒冬之际来到这里干活，每天早上5点钟，我们便被催工的铃声叫醒了……吃饭时间，仅有半个小时，其中打饭时往返所用的时间也要从这半个小时里扣。吃完饭，便回到车间，一直工作到晚上7点……让我记

---

① Philip S. Foner, *History of the Labor Movement in the United States*, Vol. 1. New York: International Publishers, 1982, p. 93.

② 《马克思恩格斯全集》第二卷，人民出版社，1995年，第364页。

忆犹新的是，整个工作时间都是在车间里度过的，而在容纳 40～80 个工人不等的一个车间里，本来清新宜人的空气被一盏盏油灯熏得污浊不堪……空中飘满了从千百架琉棉机、纺锭和织布机中喷出来的棉絮碎片。①

恶劣的工作环境使不少人患病最终离开工厂，来自迈瑞马克纺织厂的女工在马萨诸塞州特殊委员会听证会上告诉政府官员：“她因身体不好而离开了工厂，而过长的工作时间，过短的吃饭时间正是生病的原因。”另一位纺织工人奥利芙·J. 克拉克也认为：“工时太长对工人的身体危害非常大，几乎每周都有因病而离开工厂的工人。”② 在物价日益上涨的情况下，工人们的生活相当困难，例如：1797 年，纽约有 600 名技工由于生活困难联名要求政府给予救济，他们抱怨大革命以后物价上涨了 50%，而工资却丝毫没有增加；1806 年一位熟练鞋工申诉说：“我每天从清晨 5 点钟开始工作，直做到深夜 12 点或凌晨 1 点，但我每周的收入仅有 8 美元 50 美分。”巴尔的摩有不少工人由于交不起房租不得不在郊外露宿。辛辛那提的报纸刊登启事要求人们为老人和儿童捐赠旧衣旧鞋③。而广大资本家为了赚取更大的利润，他们还想方设法减少工资付出，大量雇佣童工，“帕特森工厂的工人几乎有 1/3 不到 16 岁”，塞缪尔·施莱特工厂为了进一步压低工资，曾经雇佣了 9 名未满 12 岁的儿童来管理机器。恶劣的生活工作条件，长时间的劳作，微薄的工资，所有这些情况都引起了广大劳工的不满，他们讲道：“我们发现我们在各方面都受到压迫……可是我们自己得到的仅仅是极少量的一部分，在目前的社会条件下这少量的部分甚至还取决于雇主的意愿。”④ 为了改善自身的状况，劳工们纷纷开始自发起来进行反抗，罢工现象日益频繁，罢工目标多集中在缩短工时和增加工资方面。1791 年在费城爆发了争取缩短工时的罢工，罢工者要求把工

① ［美］霍华德·津恩：《美国人民的历史》，许先春等译，上海人民出版社，2000 年，第 100 页。

② Chandler, Jr., *The Coming of Managerial Capitalism: A History of American Labor and the Working Day*. New York: Greenwood Press, 1989, pp. 11－14.

③ 转引自张友伦主编，《美国通史》第二卷，人民出版社，2002 年，第 216 页。

④ Philip S. Foner, *History of the Labor Movement in the United States*, Vol. 1. New York: International Publishers, 1982, p. 121.

作日限定为从早上六点到晚上六点,中间包括两个小时的用饭时间。1795 年和 1805 年,巴尔的摩成衣匠两次举行罢工,要求在巴尔的摩实行同纽约相同的工资标准。为了配合罢工并更好地维护自身利益,一些早期的临时性行业工会组织纷纷成立。1791 年费城木匠工会、巴尔的摩印刷工会宣告成立,1792 年费城鞋匠工会组建,1794 年费城制革工会成立,随后相继成立的还有 1795 年巴尔的摩成衣匠工会和 1803 年的纽约造船业工会等。

这一时期美国工人运动刚刚兴起,整个工人阶级尚不成熟,他们自觉进行团结的意识尚不强烈,他们进行的罢工斗争也还都是零星、分散的,参加罢工的大部分为手工工人,加之他们仅仅是为了争取个人的经济利益而不是要求反对资本主义制度,因此在资产阶级的打压下他们很容易发生逆转。所以,尽管在这一时期美国劳工为改善自身的恶劣生活、工作条件进行了种种斗争,但是并没有取得什么实质性的成果,他们的要求和利益还没有引起资产阶级的特别注意。而这一时期出现的一些工会组织大都是行业性和地方性的,力量比较单薄,对非熟练工人也采取排斥的态度;同时,它们存在的时间大多不长,往往罢工结束即宣告解散。总体来看,这些临时性组织还不能把广大工人阶级联合起来,促成声势浩大的工人运动,因此,它们也还算不上是真正的工会组织。真正的工会组织形成于 19 世纪 20 年代。

1.1.1.3 工会组织的形成与政府的斗争

随着美国工人队伍的增长,各行业工人反对雇主的斗争日益频繁,规模不断扩大,广大工人逐渐冲破了行业范围限制,走上了联合的道路。摆脱了行帮性质的真正的工会组织开始形成,在工会组织的领导下,分散、零星的小规模斗争也逐渐汇合成了大规模的工人运动。

1827 年 6 月,费城 600 名木工为争取实现十小时工作日而举行罢工,并且选出一个十二人委员会来领导这次罢工,但是由于罢工遭到了老板们的联合抵抗,且缺少其他行业工人的支持,这次罢工最终归于失败。经过这次罢工斗争,工人们逐渐认识到要取得罢工斗争的胜利,必须要走联合道路。于是,在 1827 年秋天,费城多个行业的工人提出了走联合道路行动的要求,最后 15 个行业的工人联合起来组成了技工工人联合会。费城技工工人联合会的成立结束了早期临时性工会闭关自守的状态，推动了工人斗争由零散分散走向联合团结。因此费城技工工人联合会的成立也被美国史学家认为是美国工人运动真正开始的标志。

随着广大工人联合趋势的加强，工人反抗雇主压迫的罢工的频率与规模也日益增强扩大。美国工人运动出现了新的局面。1828 年，在新泽西州帕特逊城爆发了美国历史上有记录可查的第一次工厂工人罢工。同年，新罕布什尔州的多佛城出现了纺织女工罢工，参加者近 400 人。20 世纪 30 年代，罢工运动达到高潮，1832 年波士顿的造船工人罢工持续 7 个月之久。1834 年，在费城发生了舒尔基尔码头运煤工人罢工，罢工者取得了胜利。[1] 据统计，仅在 1833～1837 年的 4 年间中有记载的罢工就不少于 173 次。

罢工运动的高涨也促使工会活动日益频繁，更大规模的工会组织，即地区性的工会联合会——城市总工会陆续在各大城市出现。1833 年 8 月 14 日，纽约总工会成立，这是美国历史上第一个城市总工会。随后，在巴尔的摩、华盛顿、费城、波士顿、奥尔巴尼、辛辛那提等城市也都相继建立了城市总工会。仅仅三年后，美国城市总工会的数目已达到了 13 个。城市总工会的成立为工人们的进一步联合奠定了基础。1834 年，来自波士顿、费城、布鲁克林、纽约、纽瓦克等城市的主要工人代表在纽约市政厅集会，经过协商宣布成立全国总工会。尽管这一组织尚不成熟，仅仅起到了宣传机构的作用，但是，它的成立仍然推动了全国工会组织的发展壮大。19 世纪 50 年代，一批全国性的工会先后成立起来：1852 年国家印刷工会成立，1854 年帽子精加工者工会成立，接着采石工人工会、制烟工人联合会、铸铁工人工会在 1855 年、1856 年、1859 年先后成立。美国各地出现了工会运动的高潮。美国历史学家方纳曾这样总结这一时期的工人运动："这是美国第一次出现的遍及全国的巨大的工会运动。"[2]

---

[1]　转引自张友伦主编，《美国通史》第二卷，人民出版社，2002 年，第 219 页。

[2]　Philip S. Foner, *History of the Labor Movement in the United States*, *Vol. 1*. New York：International Publishers, 1982, p. 449.

19世纪40～50年代的工会组织已不断完善并逐渐趋于正规化,不仅领导广大工人进行了争取工时、增加工资的工人运动,还尝试采取集体谈判的形式来争取和维护组织内劳工利益,且取得了一些可喜成绩。如1845年初,马萨诸塞州落维尔成立的妇女劳工改革协会积极组织领导各个工厂的女工抵制工厂老板增加工作定额的命令,并取得了胜利[①];1844年成立的新英格兰工人协会的主要力量为推动立法机构颁布10小时工作日法令积极奔走,最终取得了效果。1847年,新罕布什尔州议会通过了第一个10小时工作日法令,接着宾夕法尼亚和缅因州也通过了同样法令。虽然没有行之有效的监督制度和措施来确保这些法令的实施,这些法令在某些程度上也成为一纸空文;但是,从当时情况来看,这些法令的颁布,毕竟开创了维护工人利益的劳工立法的先河,为以后劳工立法的实施与发展奠定了基础。另外,有的工会组织还通过号召工人们利用手中的选票影响选举活动,来推动争取工时运动的发展。例如,特伦敦工人协会就曾不断组织群众会议,宣传群众10小时工作日,号召工人群众不投反对10小时工作日竞选人的票。在1850年的选举中,两大政党为了拉选票、防止工人组织第三党,都在政纲中加入了工人的要求,竭力吸引工人群众到自己一边:民主党"在政纲中明确规定支持10小时工作日法令;辉格党则提出实行免费教育,调整各制造业中的劳动时间、保护童工"等要求。1851年,新泽西州议会又通过了实行10小时工作日的法令。可以说工人们争取工时的斗争不仅在经济上,在政治上也都取得了一定胜利。

总体来看,工业革命以后到19世纪前期的工人运动随着工人群众队伍的壮大而不断发展起来,工人阶级逐渐由幼稚走向成熟、由分散走上了联合。工业革命以后,美国逐渐进入了工业化时期,大量新技术、新机器的使用加速了资产阶级对工人群众的剥削,广大工人的生活工作处境不断恶化,由此激起了广大工人群众的反抗。19世纪前期,工人罢工斗争连绵不断,逐渐由自发变为自觉,工人的联合意识增强;为了能够更好地维护自身利益,广大

---

① 张友伦、陆镜生:《美国工人运动史》,天津人民出版社,1993年,第168页。

工人们成立了工会组织。这一时期工会组织虽然刚刚兴起，但发展逐步由小到大、由分散到集中、从成立地区工会发展到成立全国性工会，日益趋于正规化和完善化。到 19 世纪 40 ～ 50 年代，工会组织领导工人在争取工时运动方面取得了一些可喜成果。具体情况如下：

年份	工厂	1840 ～ 1855 年每日工作时数					
	经调查之工厂总数	8 ～ 11 小时的工厂		11 ～ 13 小时的工厂		13 ～ 14 小时的工厂	
		总数	百分比	总数	百分比	总数	百分比
1840	69	36	52.2	25	36.6	8	11.6
1845	103	60	58.2	33	32.0	10	9.7
1850	173	104	60.1	63	36.4	6	3.5
1855	250	161	64.4	84	33.6	5	2.0

(Select from：Philip S. Foner, *History of the Labor Movement in the United States*, *Vol. 1*, New York：International Publishers, 1982, p. 335.)

但另一方面，资产阶级老板们并没有心甘情愿地对工人罢工做出让步，为了能够使利润最大化，一方面，老板们在一定程度上满足工人要求，另一方面又联合政府对广大工人运动进行了镇压与进攻。1834 年，爱尔兰工人为争取在切萨皮克和马里兰州的俄亥俄运河两地的建筑业中建立封闭性工厂举行罢工，但罢工立刻遭到了雇主和联邦政府的联合镇压，总统安德鲁·杰克逊甚至在马里兰动用联邦军队严厉镇压了这次罢工。这是美国第一次用联邦军队来对付工人罢工，至此也开启了美国政府与雇主联合镇压工人运动的先河。工人运动在政府与雇主们的联合打击下曲折发展，甚至在 19 世纪 70 ～ 80 年代一度陷入低潮。

1.1.2 劳工禁令和工人运动的曲折发展（19 世纪 60 ～ 80 年代）

19 世纪 60 年代到 80 年代，美国国内爆发了南北战争，雇佣劳动制与奴隶制在这次战争中一决雌雄，最终以奴隶制被废止、资本主义制度在美国国内大获全胜而告终。南北战争后，美国在经济上取得了突飞猛进的发展，甚至在某些方面都超过了除英国外的欧洲资本主义国家，但是由于它在全国范围内的工业革命尚未完成，因此工业无产阶级的队伍尚不固定且发展也不成熟；这一时期工人们争取自身权益的斗争呈现出过渡乃至下降的趋势。与此相反的是一些公司的力量大大加强，他们对工人运动采取了严厉的镇压政策。

1.1.2.1 公司老板的联合与反攻

1861 年美国内战爆发，由于战争和工人参军数量的增加，使得工会和工人运动陷于低潮，而许多大的公司却利用战争获取了巨额利润，一大批新的百万富翁出现，资产阶级的力量大大增强。他们在进行了短期让步后很快与政府联系起来共同对付工人。

首先，工厂老板们自身组织起来，建立了反对工会的各种协会。其实，早在 20 世纪 60 年代以前，这种协会就已经存在，但是大多为地方性的分散的组织。20 世纪 60 年代以后，随着形势的不断发展，老板们为了破坏工会运动，加强对工人的控制与剥削，新成立了许多反工会组织，并且联合起来采取统一行动。1863 年，俄亥俄州福尔区工厂老板们成立了铸造业与机器制造业协会，该协会以"和所有各地与本协会会员经理同样业务并遭受同样不幸的工商业者进行联络"为宗旨，对罢工工人进行严惩。此外，波士顿的铅管工厂、马萨诸塞的铁钉制造业、圣路易的服装业、布鲁克林的机械工厂老板们也都成立了厂主联合会。各行业老板的联合组织这个时候也成立了，如底特律的密执安各行业厂主协会。这些厂主协会联合起来，对参与罢工的工人实行严惩，规定"凡参加本协会的各厂，对于任何技工，除非他持有原服务厂厂主的介绍信证明确系被正当辞退，否则应一律拒绝雇佣"① 除此之外，资产阶级老板们还经常采取制定黑名单、解雇工人和关闭工厂的手段来打击工人工会和罢工运动。1863 年夏，许多企业主约定共同采取关闭工厂的手段，迫使工人签名脱离工会，并把拒绝签名的工人列入黑名单，不予雇佣。

---

① Philip S. Foner, *History of the Labor Movement in the United States*, *Vol. 1*. New York: International Publishers, 1982, pp. 530 – 531.

除了采用这些经济措施外，为了进一步制止工人罢工，资产阶级工厂老板们还向联邦政府和州政府施加压力，企图通过武力镇压和法律手段来迫使工人们放弃罢工、退出工人工会。1864 年 4 月，威廉·罗斯克伐斯少将在圣路易司令部发出命令，禁止工人成立组织和建立罢工纠察队。肯塔基州路易斯维尔的驻军首脑布理智将军也颁布了类似的命令①。对于违反规定者，他们则派出联邦军队进行镇压，如：在田纳西，一位将军把两百名罢工机械工人押送出境；纽约州出兵镇压冷泉机械厂工人要求增加工资的罢工，摧垮了圣路易机械工人与缝纫工人罢工；宾夕法尼亚州矿工罢工、雷丁铁路司机罢工也都遭遇了同样命运，最后被迫复工②。

伴随武力镇压措施的是，州议会推出了一系列禁止劳工罢工的劳工禁令。"1863 年夏，明尼苏达州通过法令对曾参与罢工者判处 100 美元罚金或 6 个月的监禁。同年，伊利诺伊州通过'拉萨尔黑律'，禁止任何人阻止其他工人进行工作，违者罚款一百美元。对罢工期间，两人或者两人以上联合干涉其他工人进行工作者，判处五百美元罚款或六个月监禁。明尼苏达州和宾夕法尼亚州分别通过法律允许工厂老板驱赶工厂所有住宅中罢工工人的家属，更有甚者，宾夕法尼亚州竟然通过了承认各铁路公司成立私家警队的权利。"③ 这样使得这些部门的工会和工人完全排除于法律保护之外。同时，许多州还恢复了图谋不轨法案的实施。新泽西、宾夕法尼亚州的资产阶级雇主经常以"图谋不轨"的罪名控告工会，迫使工会支付大额诉讼费，最终因经济实力不敌而放弃罢工。

总体来看，这一时期保护劳工的法律几乎没有一个得以通过，而越来越多的劳工禁令则不断被法院颁布。公司与政府的联合镇压不仅使公司获得了大量廉价劳动力，还使不少劳工被迫脱离工会与工人运动。工人运动在这一时期陷入了低潮。

---

① 张友伦、陆镜生：《美国工人运动史》，天津人民出版社，1993 年，第 202 页。
② ［美］霍华德·津恩：《美国人民的历史》，许先春等译，上海人民出版社，2000 年，第 198 页。
③ 美国劳工部劳动统计局编：《美国劳工运动简史》，邢一译，工人出版社，1980 年，第 20 页。

1.1.2.2 工人运动的曲折发展

反工会组织的建立、劳工禁令的颁布以及南北战争造成的大批征兵与财政上的困难，使19世纪60~70年代的美国工人运动一度陷入了低谷。不少工人脱离工会组织，工会组织的数量和人员数不断下降，许多工会面临崩溃的危险。据记载，1861年底，全美铸工工会的许多地方组织名存实亡，原定于1862年召开的全国代表大会都未能举行；全美机械工与钢铁工工会原有87个地方工会，此期间减少了近60%，只剩了30个，会员只剩1898人[①]；全美制桶工人工会会员从7000人减少到了1500人；全美雪茄制造业工会会员从5800人减少到1016人；全美印刷工会会员则从9797人降到了4266人。其他行业的工会组织也几乎都一蹶不振，处于衰落状态。据统计，到1873年，工会的数量和人数大约下降了80%。

到20世纪70年代末，随着美国大机器生产的迅速发展，生产集中的趋势逐渐加强，工业无产阶级的队伍也得到了不断壮大与发展，并日趋固定。20世纪60年代到70年代初，资产阶级通过制定黑名单、建立反工会组织以及联合政府颁布劳工禁令等手段对工人实施的压迫与剥削在此时到达了空前规模，无产阶级与资产阶级的冲突也伴随着1873年到来的经济危机而不断升级，最终导致广大劳工忍无可忍，再次发起大规模罢工，工人运动再次高涨。

1873年爆发的经济危机沉重地打击了美国，全国信用机构接连垮台，大批小公司倒闭。据统计，到1873年底，全国商业破产事件达五千多起[②]。直接收到经济危机打击的是广大工人，他们工资被大幅度削减，工时被延长。据1875年10月2日的《全国劳工论坛报》报道："不景气时期来临以前，在建筑业中，8小时工作日工资2.5~3元，已成为极为普遍的情况，但到1875年10月，则每日工作10小时，每日工资1.5~2.5元却变成为最流行的标准

---

① 张友伦、陆镜生：《美国工人运动史》，天津人民出版社，1993年，第199页。
② 张友伦、陆镜生：《美国工人运动史》，天津人民出版社，1993年，第236页。

了。"① 1873 年～1880 年间，纺织工人工资降低了 45%；1873～1877 年间，铁路工人工资降低了 30%～40%；1873 年到 1876 年间，家具工人工资降低了 40%～60%。除了在业工人工资下降外，持续的经济衰退，还使很多人失去工作，在城市里游荡，寻找食物。劳动人民过着饥寒交迫的悲惨生活。据估计，1873 年底仅纽约市就有失业工人 43 650 人，约占劳动力总数的 1/4。1877 年～1878 年，全国失业工人达三百万；在整个工人队伍中，全年有工作的人不到 1/5，处于半失业状态的约占 2/5，偶尔能找到工作的占 1/5，长期失业的占 1/5②。失业工人生活困苦，甚至无家可归，许多地方的失业者被迫居住在临时搭建成的街头棚子里。这样的窘况最终使广大工人忍无可忍，为了生存起来反抗，罢工示威游行不断。其中影响最大、罢工最多的是铁路业。1873～1874 年，在东田纳西、弗吉尼亚、乔治亚、费城、雷丁、宾夕尼亚、南新泽西州等将近二十条铁路线上先后爆发了铁路工人罢工，这些罢工虽先后失败了，但却为 1877 年大罢工奠定了基础。1877 年，经济萧条更加严重，宾西尼亚铁路公司再次削减工人工资 10%，其他东部铁路公司纷纷效仿。工人们本来已经很低的工资更加捉襟见肘，为生活所迫，工人罢工运动开始不断涌现。首先起来罢工的是巴尔的摩的俄亥俄铁路工人，但很快罢工遭到了警察镇压，罢工者被捕。离巴尔的摩最近的马丁斯堡工人在俄亥俄州工人被捕后，很快在马丁斯堡又发动了罢工，这场罢工浪潮很快席卷了西弗吉尼亚许多地方，但不久被国民军所镇压。随后不久，铁路工人联合会于 1877 年 7 月 19 日举行会议，决定与公司就取消削减工资问题进行谈判。谈判失败后工人联合会便实行了罢工，但由于工人力量远远不敌联邦军队和州国民军队的联合势力，最终在他们的镇压下而告以失败。但是，这场罢工很快以很高的速度向全国各地扩展，纽约州、芝加哥、圣路易等地都爆发了大规模的罢工运动。虽然经过一番博斗，罢工在联邦政府和州政府的联合武装镇压下以失

---

① Philip S. Foner, *History of the Labor Movement in the United States*, *Vol. 1*. New York: International Publishers, 1982, p. 652.

② Philip S. Foner, *History of the Labor Movement in the United States*, *Vol. 1*. New York: International Publishers, 1982, p. 648.

败而告终；但是这次罢工后，美国工人运动出现了转折，开始由低潮向高潮发展。美国工人在这次罢工中已经开始有意识地联合起来，与工厂进行谈判，其自觉性与组织性和以前相比有了很大的提高。恩格斯曾评价这次工人运动为"美国历史上划时代的事件"①。如果说 1877 年大罢工是美国工人运动的转折点，那么到 80 年代美国工人运动则开始进入高潮时期，特别是 1886 年爆发了举世闻名的五一大罢工直接把工人运动推向了高峰。缩短工时一直是美国工人所不断争取的权益，争取 8 小时工作日的斗争早在 20 世纪 60 年代就已经开始，并取得了一些成果。1866 年第一国际日内瓦代表大会通过争取 8 小时工作制得到决议，1868 年美国国会又通过了历史上第一个联邦 8 小时工作日的法律，但这是政府雇员享有 8 小时工作日，且这些法律没有得到实施。20 世纪 80 年代争取这一权益的斗争重新出现，并进入高潮。1884 年美国和加拿大的工人代表集会芝加哥，约定在 1886 年 5 月 1 日举行游行示威活动。5月 1 日，芝加哥发动了争取 8 小时工作日的罢工，此后全国有 11562 个机构卷入了罢工，罢工人数达到 36 万人，仅芝加哥市就有 4 万多工人参加。大罢工基本上是在和平的情况下举行的，显示了工人阶级的强大力量。在工人阶级的压力下，部分工厂主接受了工人的部分条件，工人工作时间有所缩短。但是，很快各地资产者就开始反扑，联合政府镇压罢工工人，并制造了"秣市惨案"。虽然这次大罢工以流血失败而告终，却对日后产生了广泛而深远的影响，世界各国工人都掀起了争取 8 小时工作日制的斗争。1889 年，第二国际成立大会为了纪念五一大罢工中美国工人的英勇斗争，决定把 5 月 1 日定为国际劳动节，这一节日延续至今，影响深远。总之，这几次大罢工为以后美国工人运动的发展、美国劳资关系状况对比的转变奠定了基础，并推动美国劳资关系与工人运动进入新的发展时期。

---

① 《马克思恩格斯全集》第 19 卷，人民出版社，1995 年，第 133 页。

1.2　联邦立法主导劳资关系时期的酝酿

1.2.1　"进步主义时代"[①] ——工人运动的高涨和劳工立法的开端（19 世纪 90 年代至 20 世纪初）

1.2.1.1　第二次工业革命的完成与工业化的实现

从 19 世纪 90 年代开始美国进入了历史上所称的"进步主义时代"，这一时期，美国完成了近代工业化，赶上了世界上最先进的工业国家英国。国民生产总值激增，1869～1873 年，美国国民生产总值平均每年增长 91 亿美元，人口平均值为 223 美元。到了 1889～1901 年，美国国民生产总值平均每年增长 371 亿美元，人口平均值为 496 美元。在近 30 年间，生产值翻了两番。1904 年，美国国民财富为 1071 亿美元，相当于 1870 年的 4.45 倍，远远超过 1903 年英国的 730 亿美元和德国的 778 亿美元。1896～1900 年间，在世界各大国的国民生产总值比重中，美国占 30.1%，英国 19.5%，德国 16.6%。

美国国民生产总值的猛增得益于工业的快速发展。南北战争前的 1859 年，美国工业产值占工农业总产值的 36.2%；1890 年，美国工业产值已占工农业生产总值的 77.5%。1860 年美国工业产值占全世界的 15%，居第四位，合计 19.07 亿美元，英国 28.08 亿美元，法国 20.92 亿美元，德国 19.95 亿美元。到 1894 年，美国工业产值跃居世界第一位，达 94.98 亿美元，增加了近五倍；而英国仅仅增长了 1.52 倍，为 42.63 亿美元；德国增长 1.68 倍，为 33.57 美元；法国增长 1.39 倍，29 亿美元[②]。美国在这一时期的发展速度已

[①]　"进步主义时代"（The Progressive Era）是指美国从 1890 年开始到 20 世纪初（大约为 1917 年前后）在各领域进行各种改革活动的时期，此间美国社会由农业时代进入工业时代、由传统社会进入现代社会，这是一个承上启下、继往开来的时期。大部分历史学家把这一时期称为"进步主义时代"。理查德·霍夫斯达特著的《改革时代——美国的新崛起》以及李剑鸣著的《大转折的年代——美国进步主义运动研究》书中做了详细说明。

[②]　黄安年：《美国的崛起》，中国社会科学出版社，1992 年，第 354 页。

远远超过世界水平，新技术的发明与使用，钢铁业、能源业、交通运输业的发展，促使美国完成了从农业资本主义向工业资本主义的变迁。

钢铁在现代制造业中占有首屈一指的地位，它是现代工业机械的基本材料，是直接推动工业化发展的领头行业。美国工业技术的革新首先在钢铁冶炼业中获得成功。据记载，1860 年，坚韧且具有延展性和抗锈蚀的锻铁和铸铁已投入使用，但昂贵的成本促使新的技术革新。1868 年西门子 – 马丁敞炉炼解法发明推广后，钢产量大幅度增加。到 1910 年，开炉炼钢法的使用又再次大大提高了炼钢效率。美国的钢产量从 1867 年的不足 2 万吨，到 1890 年达到 427.7 万吨，居世界第一位。到 1910 年，美国钢产量已达 2.6 亿吨。合金钢铁也在这一时期开始生产使用，由于合金钢铁在坚韧度方面更胜于钢铁，因此在机械制造方面更具优势。1890 年，美国贝斯勒海姆钢铁公司获得镍钢制造技术并投入生产，钨钢、钼钢、锰钢等其他合金产品也投入使用，"到 1910 年左右，合成钢铁的年产量为 50 万吨"[1]。美国的生铁产量也迅猛增长，1860 年不足 100 万吨；1890 年增长到 920 万吨，居世界第一位；1900 年达 1379 万吨，占全世界产量的 1/3。

除了金属制造业的发展外，作为美国工业化发展动力的能源业在这一时期也得到了飞速发展。美国煤产量在 1860 年时为 1450 万吨，1900 年为 27 000 万吨。石油业发展最为迅速，1859 年时美国刚刚打出第一口井，1860 年产量为 50 万桶，到 1900 年时石油年生产量已到 6360 万桶[2]。在现代社会中，钢铁是现代工业的基础，是衡量一个国家工业实力的尺度。能源结构的变化则表明经济发展的程度。1850 年，在美国能源中，煤占 9.3%，木材占 90.7%；1860 年，煤占 16.4%，石油占 0.1%，木材占 83.5%；1900 年，煤占 71.4%，石油及天然气占 5%，木材占 21%。新能源的使用使大规模的生产成为可能。

钢铁业和能源业的发展加快了美国交通运输业的发展。1860 年美国拥有

---

[1] Gary M. Walton, Ross M. Robertson, History of the American Economy. New York: Harcourt Brace Jovanovich, 1973, p.176.

[2] 黄安年：《美国的崛起》，中国社会科学出版社，1992 年，第 355 页。

铁路线 3 万公里，1870 年则为 85 169 公里，1890 年增加到 269 000 公里，1900 年则达到 32 万公里，占全世界铁路线的一半①。1865～1914 年 50 年间，美国的铁路线从近 6 万公里猛增到 40 万公里以上，增长近 6.8 倍。在铁路运输业发展的同时，有轨电车和汽车制造业也开始起步，1895 年时登记的汽车仅有 4 辆，仅五年以后，就已经增加到 8000 辆。

制造业、能源业、交通运输业既是工业化的一部分，又是推动工业化发展的重要力量。传统的工业生产由于有了煤、铁和机器的供应而发生了革命性的转变。铁路以前所未有的运载量运送产品，供企业主进行分配；并且，使远距离贸易成为可能，使经营与生产活动的一体化加强，进而使全国性市场得以建立。新技术的使用、新能源的发现以及新型交通运输业的发展，使美国现代大企业崛起且在国民经济中日益占据主导地位，使美国独立的工业体系基本确立、工业城市相应涌现②。美国正式步入到以工业为主导的资本主义国家。

但是，美国在工业化取得巨大成就的同时，也不可避免地带来了一系列社会难题。正如布卢姆所指出的："在这场殊死的斗争中，纵然取得了重大经济进步，但无论是什么样的经济进步，都是以高昂的代价换来的，这些代价就是虐待劳工、浪费资源、商业和公众道德败坏堕落。"③ 社会难题特别是劳工生活的困苦，最终促使工人们揭竿而起。工人运动再次走向高涨。

1.2.1.2　工人运动的高涨

19 世纪末到 20 世纪初，随着美国由自由资本主义向垄断资本主义过渡、工业化的完成，美国经济、社会状况发生了巨大的变化。但是，大工业文明所带来的巨大繁荣只为一少部分人充实了腰包，而大多数社会成员特别是广大劳工却仍然遭受着贫困的煎熬，甚至相对收入有所下降；工业化所带来的生产效率的提高并没有改善工人们的工作生活环境，相反，为了赚取更多利

---

① 黄安年：《美国的崛起》，中国社会科学出版社，1992 年，第 355 页。

② 余志森：《崛起和扩张的年代，1898—1929》，人民出版社，2001 年，第 19 页。

③ ［美］布卢姆·J 等：《美国的历程》（下册，第一分册），杨国标、张儒林译，商务印书馆，1989年，第 65 页。

润，资产阶级工厂主们不断扩大生产规模，延长工人工作时间，以便最大限度地发挥机器的使用价值。

就工时而论，据统计，1890～1900 年间制造业工人平均工时在 60～59 小时之间，高者达 65 小时。工作条件则因工厂与行业不同而有所差异，总的来说十分恶劣，大部分工厂通风条件差，空气污浊。工作条件最差的当数钢铁行业，据 1912 年对 153 家铸铁厂的调查发现，其中 39% 的工厂通风不好，32% 的照明不充分，43% 的缺乏取暖设备，73% 的没有充足的洗浴设施。另外血汗工厂普遍存在，由于缺乏必要的劳动保护和安全条件，其结果是职业病流行、工伤事故频繁。有资料证实，19 世纪 20 世纪之交的美国工厂中因工业事故而丧生者每年达 35 000 人，致残者为 500 000 人。这其中以铁路运输业和钢铁业的情况最为严重，在 1909—1910 年间，155 家钢铁厂中，仍有 1/4 工人受伤①。

尽管工人们成年累月辛勤工作，甚至生命都没有保证；但是他们所挣取的工资收入往往不足以养家糊口。以马萨诸塞州为例，中等以上的城市五口之家开销每年在 600～800 美元之间即可；但据国会工业委员会的听证材料披露，北部铁轨工人的年收入不足 375 美元，南部更少，还不足 150 美元。佐治亚一位纺织工厂主坦言，他的工人每年工资只有 234 美元。新英格兰纺织工厂童工有 11% 的人周薪少于 6 美元，年收入不到 300 美元。

工人毕竟不是不吃不喝的机器，为了维护基本的生存权利、改善自身处境，19 世纪末 20 世纪初，美国工人纷纷组织起来罢工，并达到了新的高潮。

就罢工而言，1893～1898 年间，共发生 7029 次，平均每年要发生罢工 1171 次；1880～1900 年间，共发生工业争议与冲突 24 000 次②。参与罢工的人数也不断增加，如 1902 年矿工大罢工参与者多达上万人，举国为之震惊，在历史上留下了浓重的一笔。就工会而论，这一时期的工人们已越来越多地体会到联合的重要性，纷纷加入工会组织。随着工会力量的增强，由工会发起的罢工和集

① 李剑鸣：《大转折的年代——美国进步主义运动研究》，天津教育出版社，1992 年，第 32 页。
② 李剑鸣：《大转折的年代——美国进步主义运动研究》，天津教育出版社，1992 年，第 35 页。

体仲裁也越来越多。从 1899 年到 1904 年间，工会会员人数由 61.1 万人上升到 200 万人以上，到 1911 年已达 2 343 400 人①。工会力量壮大后，由工会领导的抗议活动也逐年增多，罢工逐步由无意识向有意识转变。据资料显示，1903 年的罢工次数达到 3494 次，参加工人达 553 000 人，其中工会组织的罢工次数占总数的 78.2%。特别是到 1908 年 3 月 8 日，纽约服装业女工有 15 000 人走上街头，提出要改善工作条件，她们的口号是"面包加玫瑰"。这一游行得到了广大工人的支持，为纪念她们的罢工，在 1910 年第二国际的一次妇女代表会议上，经克拉拉·蔡特金的提议通过了把 3 月 8 日作为妇女节的决议，这一节日延续至今。总体来看，这一时期工会领导的罢工总能引起其他行业或地区工人的支持与援助，这更加联合了处于分散状态的劳工，进而扩大了罢工的威力与规模、提高了罢工的成功率，并促使资产阶级政府开始改变劳资统治政策。

1.2.1.3　劳资关系的改变

产业工人在这一时期异军突起，他们的集团意识和组织性随着资本主义的发展和斗争的进行都较之以前更加强烈，联合起来争取和捍卫自己权利的行动也越来越频繁。西奥多·罗斯福经常谈到的所谓"革命的威胁"已不再是骇人听闻的论调。工人阶级的强大力量对统治阶级已构成了一股巨大的压力，迫使他们不得不考虑如何把工人阶级纳入资本主义统治体系的框架内、使工人认同资本主义、缓和阶级矛盾，以最终减少自身的损失。

在这种情况下，美国社会统治阶级的统治观念发生了变化，开始尝试采取安抚措施来缓解工人们的对抗，受英国等先进资本主义国家的启发，除了进行社会改革以外，资产阶级中的一些有识之士还积极倡导通过实施劳工立法以适当满足劳工要求来缓解矛盾、维护社会稳定。此阶段，美国政府一方面抛弃了原来一味维护资方利益、镇压罢工者的做法，开始尝试以调节人的姿态处理劳资矛盾；另一方面，美国政府也开始尝试实施了较之以前更大规模的劳工立法，虽然大多数不久即被判违宪，但是其为以后劳工立法的全面

---

① Leo Wolman, *Ebb and Flow in Trade Unionism*. New York：NBER，1936，p. 16. Form https：//www. nber. org/.

实施奠定了基础。进步主义时代美国政府的新劳工政策一改以往的特点，为日后美国劳资关系的改变也奠定了基础。

1. 政府开始调节劳资矛盾

19 世纪末 20 世纪初，随着产业工人的壮大，他们维护自身权益的意识也更为强烈，纷纷加入相应的工会以对抗资方。资方也不甘示弱，成立了地方性或全国性的组织。劳资关系的矛盾逐渐发展成为组织与组织之间的矛盾，且矛盾不断升级，并造成社会动荡。不少有识之士开始意识到，工人阶级的利益已经不能完全被忽视了，政府必须改变策略调节劳资关系；否则，工人阶级的抗议不仅会威胁到资本家阶级的利益，而且还会造成执政集团地位的动摇。西奥多·罗斯福总统正是这些有识之士中的一员。

西奥多·罗斯福（1858～1919），1901 年继麦金利之后成为美国第二十六任总统。他上台后对缓和劳资关系给予了极大关注，他认识到：随着社会的发展，社会各个阶层成员的相互依存对于社会稳定有着重要作用；不管是工人阶级还是资产阶级他们都是相互联系的；如果不能很好地处理工人问题，就不能保障资本主义社会的正常运行与发展。因此，西奥多·罗斯福认为联邦政府不能再像过去那样片面地通过镇压工人来维护资产阶级利益，那样只会加大阶级矛盾，引发更大的社会动荡。正是在这种思想认识的指导下，西奥多·罗斯福总统面对 1902 年爆发的宾夕法尼亚煤矿工人大罢工，一改以往政府的镇压政策，采取了积极调节政策进行干预，并取得了成功。

1902 年 5 月，宾夕法尼亚东部煤矿区的工人对于自己的生存处境忍无可忍，在美国煤矿工人协会的领导下，发起了大规模的罢工活动，罢工参与人数达 15 万人。他们要求矿主实行 8 小时工作制、增加工资、承认工会组织，但这些要求遭到了矿主们的拒绝，并雇佣非工会工人继续生产，结果导致了流血冲突，有 60 人伤亡。为了避免冲突升级，宾夕法尼亚州州长派遣 2000 名民兵去维持秩序，但无济于事。僵局一直持续到了秋天，矿工的罢工直接影响到了东部城乡的取暖供应，公众对罢工进程的关注开始增多，希望他们能早点解决问题。西奥多·罗斯福总统一开始就对罢工进行了关注，并在 6

月中旬派劳工专员前往矿区调查。他认为矿工的要求并不是很过分，应该给予满足。但是矿主们拒绝任何形式的干预和调节，丝毫没有打算接受工人的要求，只是一再强调政府要使用武力镇压罢工。到 10 月时，西奥多·罗斯福发现罢工情况仍然没有缓解的趋势，便决定以总统的身份加以干预。10 月 1 日，西奥多·罗斯福宣布邀请矿主和矿工代表来华盛顿协商以解决罢工。10 月 3 日，双方代表来到华盛顿，矿工代表米切尔表示愿意接受调解，同意总统任命人员到矿区调查罢工并提出解决办法。但矿主代表仍固执己见，要求总统派军队镇压罢工矿工，谈判失败。10 月 10 日，西奥多·罗斯福开始采取强有力措施，一方面组织调解委员会，另一方面还让宾夕法尼亚党魁出面劝说宾州州长请求政府干预，并通知陆军部待命开赴罢工地点接管生产。迫于各方面的强大压力，矿主最后同意接受总统的调解。10 月 15 日，委员会成立，由矿主和工会都能接受的人物组成，罢工随之结束。四个月后，委员会提出了详细报告，包括增加工人工资、非工会会员与工会会员应得到平等待遇、煤价提高 10% 等。这项报告得到了争议双方的赞许，一场即将爆发的暴力冲突以皆大欢喜告终，这在美国历史上尚属首次。

这次对矿工大罢工的调解，开了政府干预劳资关系的先河，联邦政府第一次以公共权力机关的角色介入私人契约领域，国家机器开始由完全帮助资本家镇压工人的角色逐步转变为第三方裁决的角色，国家开始越来越多地考虑资产阶级的整体利益和长远利益。为了确保资产阶级的长久统治，联邦政府有必要把工人阶级纳入到自己的统治范围内，以减少因工人罢工而造成的社会损失。在这次罢工调解中，工人的意志首次得到重视，他们的部分要求也得到了满足，社会秩序得以恢复。这对美国日后的劳资关系调节政策特别是富兰克林·D. 罗斯福政府的劳资政策，产生了不可低估的深远影响。

2. 劳工立法获得发展

较早制定的劳工法律是有关女工的立法。由于女工工资相对于其他成年男工工资低、工作条件极其恶劣，因此社会对实施女工保护的呼声不断。"1900 年以前，全国有 1/4 的州制定了规定女工最高工时的法令，但仅 3 个州产生了实际效果。"① 1912 年由于进步党大力倡导实施女工立法，马萨诸塞、纽约、俄亥俄等州再次实施有关女工工作的规定，1912 年马萨诸塞州制定了女工最低工资立法，1919 年又实行了 43 小时工作周。但全国性立法此时仍未出现。

与女工同样不幸的童工也开始受到改革派的关注。1916 年威尔逊执政时期通过了一项全国性童工法案——《基廷－欧文法》；1919 年国会通过法令对童工产品课以重税；1924 年，国会又通过了一项宪法修正案，规定限制、管理和禁止 18 岁以下的人参加劳动。但是这些法律要么阻力太大最终得不到批准，要么很快被判违宪而遭流产。

工资工时条件的改善一直是美国工人和工会所争取的。8 小时运动不论是在内战前还是工业化高潮中都不断兴起，但一直收效不大。1916 年第一项涉及铁路工人工时的全国性法令——《亚当森法》通过，并在 1917 年被核准为符合宪法而予以确定下来。这项法律成了进步主义时代仅存的一项立法成果。最低工资标准方面，在 20 世纪 30 年代之前只是在个别州有自己的最低工资立法，1912 年有个别州实行妇女最低工资标准，1913 年出现对童工支付的工资标准；但是不久联邦法院在审理一项诉讼中，判决最低工资法是违宪的，此后到 30 年代大危机前，联邦甚至各州都没有通过有关最低工资的立法。

在工人赔偿立法方面，虽然先后在争取工人赔偿法运动的压力下通过了《雇主责任法》和《克恩——麦吉利卡迪法》等法令，但是由于涉及面小、企业主的破坏，收效一直甚微。

总之，在进步主义时代涉及劳工权利的立法已开始零零散散地出现，并且无论是在数量还是涉及面上都较之以前有较大改观。但是此时通过的立法大多为州立法，而且还常常被判违宪，所以这一时期的立法作用不大。全国性的综合劳工立法尚未出现，与州政府相比较，联邦政府只有零星的立法活动。但毋庸置疑，这一阶段的立法尝试为以后富兰克林·罗斯福新政时期美国全方位劳工立法的制定与实施开了先河，间接促使了美国联邦立法主导劳

---

① 李剑鸣：《大转折的年代——美国进步主义运动研究》，天津教育出版社，1992 年，第196 页。

资关系时期的到来。

3. 工会组织逐步得到承认

劳工组织在成立之初，总被法院宣布为阴谋团体，并被任意认定为行为不合法、手段不正当。工会组织常常受到严格禁止。因此一些工会组织就不得不处于一种秘密的活动状态。不仅如此，工会还常常遭到托拉斯法和禁令的打击。比如，1908 年，最高法院在丹伯里制帽工案中的判决里指出，一个代表全国生产某一产品的行业的全部工人的团体就是一种垄断，违背了《谢尔曼反托拉斯法》，因此工会有抵制贸易和限制商务的阴谋。这些做法受到以劳联为代表的广大工人组织的强烈抗议，他们一直为争取组织工会、捍卫工会基本权利而斗争。

西奥多·罗斯福当政后，对工会组织的看法逐渐发生改变。他认为，随着时代的发展，工人的联合和企业的联合一样都是不可避免的。并且，工人只有联合起来采取集体行动后，才能够与企业抗衡并达成某种合理的协议。这种做法一方面可以遏制资本联合体的过分强大，另一方面也可以形成一种和平的工业关系，从而有利于政府的统治，以及社会的安定与发展。为此，西奥多·罗斯福一方面邀请工会组织参加政治活动，把工会组织逐渐结合到政治过程之中，比如在 1908 年，罗斯福就曾邀请美国矿工联合会主席约翰·米切尔参加州长会议；另一方面他又许诺承认工会的合法性，比如，西奥多·罗斯福曾指出："我将动用一切权力之内的手段来确保工人加入的工会权利，并保护他们作为工会会员工作时不受资本家或非工会会员工人干涉的权利。"① 1914 年，在劳联的推动下，这项许诺终于实现。在 1914 年通过的《克莱顿反托拉斯法》中规定："反托拉斯法不禁止劳工组织的存在，劳工组织及其成员不得按反托拉斯法而被宣布为限制贸易的阴谋。"② 这项法律在日后的执行中虽然成效并不是很显著，但毕竟这是第一次在全国性的法律中正式承

---

① Elting E. Morison, John M. Blum, *The Letters of Theodore Roosevelt*. Cambridge, Mass. : Harvard University Press, 1951—1954, p. 141.

② Douglass C. North, *Government and Ameirican Economy*. Chicago：University of Chicago Press, 2007, p. 176.

认工会的法律地位，因此在某种程度上，它为推动日后工会组织的发展、壮大工会组织力量奠定了基础。

总体来看，美国到进步主义时代时，资产阶级政府已经越来越多地认识到资本家、工人阶级和政府都是在同一个社会力量框架之中生存的。尽管政府与资产阶级在根本利益上有着强烈的一致性，但是为了维护资本主义制度，政府必须要牺牲资产阶级的某些利益来满足工人阶级，这样才能力争把工人阶级纳入统治的框架体系内。否则，如果过分剥削工人阶级，很可能就会使工人阶级游离出这个统治框架，成为政府和这个社会的对立力量，这样资本主义的统治也就不可能达到稳固与发展。在资本主义早期阶段，劳资关系被认为是一种私人的契约关系，属于个人自由范畴，政府对其采取放任不管的措施。但是，随着社会的发展、工业化进程的加快、工人力量逐渐壮大，工会组织的数量与规模也越来越大，罢工日益频繁，这使政府不能袖手旁观。最初阶段，政府认为镇压罢工者、维护资产阶级利益就可以解决问题；但是面对着日益激烈的劳资对抗，政府发现仅仅充当刽子手的角色是不行的，这样只能造成恶性循环，简单的镇压会造成劳工的更大反弹，促使他们开展更大规模的斗争。从进步主义时代开始，美国政府的劳工政策出现了由一味镇压到安抚调节的转变，比如设立劳工统计局、制定一些劳工立法等；但是这些政策并没有形成系统，发挥的作用也不够明显，因此在社会上没有产生巨大影响。到 20 世纪后，特别是 20 世纪 30 年代富兰克林·罗斯福时期，美国劳工政策才发生了根本性扭转，劳资关系也逐步进入到了一个新的时期。

1.2.2　大萧条与劳资矛盾的爆发

1929 年美国爆发了有史以来最为严重的经济危机，整个美国社会陷入一片萧条之中。经济水平大幅度下跌，美国的国民收入从 1929 年的 810 亿美元降到了 1930 年的 680 亿美元，随后到 1931 年更是降至 530 亿美元，1932 年降到 410 亿美元。同时，这一时间内，国家的财富估值从 3650 亿美元下降到了 2390 亿美元。美国的不动产、资本和商品遭到了大幅度的贬值。从 1930 年到 1932 年，美国大概有 85000 家企业破产，5000 家银行停止支付，900 万储蓄账户被一笔勾销，全国总损失达到了 260 亿美元以上。企业和银行的规模破产，使失业人数大增。没有技能的工人最先遭到了失业大潮的波及，不久白领工人和技术工人也受到了震动，随后失业很快波及教师、医生、牧师等各行各业。1930 年胡佛政府调查的失业情况还为 300 多万人，但失业大潮涨得很快，到 1931 年时，人数已经达到了 600 多万人，增长一倍多，并仍然有上升的趋势。富兰克林·罗斯福总统智囊团的著名人物特格韦尔曾在日记中这样写道："这个冬天，在纽约生活和工作的人没有不深感不安的。我的确认为，在现代，还没有过这样普遍的失业现象和如此令人伤感的真正的饥寒交迫的苦难。"① 失业人数的急剧攀升导致人们收入锐减，人民生活日益困苦。从整个美国社会来看，在大危机的影响下，人均实际收入从 1929 年的 681 美元狂跌至 1933 年的 495 美元。很多企业拒绝政府要他们维持工资水平的请求，一些公司付给工人们的工资甚至低到了每周 5 美元。据调查，芝加哥市的多数女工在为每小时不足 25 美分的薪水而埋头苦干，1/4 的人甚至在 10 美分以下。工资的缩减不仅使不少家庭无法醉心于报纸、杂志等娱乐，就连卫生纸、茶、糖等生活日用品也难以购买。专门研究美国工人状况的历史学家欧文·伯恩斯坦这样评论道："在 1931 年秋至 1933 年春之间，压在工人身上的经济社会负担，在美国历史上是无与伦比的。"② 在如此大的生活压力下，人们对政府的不满态度越来越多，希望政府能够采取有效措施缓和危机、但是胡佛政府实施的自由放任政策不仅没有能够缓和危机，改善人民生活，反而使经济状况更加恶化。劳资矛盾急剧升级。此时的整个美国社会日益处于动荡不安之中，人民渴望改善生活条件、解决失业问题的呼声日益强烈。如何缓和经济危机与劳资冲突以维持社会稳定成为美国政府面临解决的首要问题。

1932 年 7 月 2 日，富兰克林·D. 罗斯福在芝加哥民主党全国代表大会接受总统候选人提名后发表演讲表示"如果竞选成功，我要保证为美国人民实

① 刘绪贻、杨生茂主编：《富兰克林·D. 罗斯福时代 1929—1945》，人民出版社，1994 年，第31 页。
② 刘绪贻、杨生茂主编：《富兰克林·D. 罗斯福时代 1929—1945》，人民出版社，1994 年，第53 页。

施新政";同年11月,罗斯福以压倒多数的选票击败胡佛,当选为美国总统。到1933年3月4日罗斯福正式就任总统时,美国经济的崩溃情况和社会状况是难以形容的:"一般的商业都下降到正常时期的60%以下,失业人数达到了1500万的最高峰,200个以上的城市面临着立即破产的危险……"如同英国首相麦克唐纳所讲:"这种情势不能再继续下去了,世界正在逼入绝境,以致很可能再度面临一个人们为了生活而反抗艰难、铤而走险,把过去的成绩一扫而光的时期。"①

为了消除危机、挽救美国社会、维持资本主义的统治,罗斯福上台伊始就立刻着手实施了大量改革计划,即他所称之为的"新政"。从1933年3月9日到1939年,罗斯福总统和国会先后颁布了2396②个新政立法和命令,其主要目的是为了恢复陷入空前严重危机的经济,救济大规模的失业者和贫民,革除垄断资本主义的某些弊病,其措施涉及整顿金融、节制农业、调整工业、举办公共工程等方面。但正如美国著名历史学家小阿瑟·施莱辛格在《新政的到来》一书中所讲,罗斯福"为拯救银行系统而开始了百日,为拯救农民而进行的斗争开始了新政……但美国经济的核心既非金融也非农业,而是工业。"③可以说,在新政期间,大多立法与解决工业问题相关,而众所周知,在处理工业问题方面劳资关系问题不容忽视,因此,新政立法中又尤以劳工立法占据多数。

从1933年5月开始,国会先后通过了大量劳工立法,1933年5月颁布了《联邦紧急救济法》以解决广大劳工的生存问题,1933年6月《全国产业复兴法》被国会批准通过,其著名的"第七节条款"开创了国家调节雇主与工人关系的先河。随后,在新政第二阶段,1935年4月颁布了《工赈法案》,紧接着《格菲－斯奈德煤矿法》《铁路员工退休法令》先后通过,同年6月颁布了美国历史上著名的《全国劳工关系法》(俗称《瓦格纳法》),8月又颁布

---

① 吴必康编:《英美现代社会调控机制》,人民出版社,2001年,第73页。

② http://www.archives.gov/federal-register/codification 统计得出。

③ Arthur Meier. Schlesinger, *The Coming of the New Deal*. Boston: Houghton Mifflin, 1958, p. 97.

了《社会保险法》。最后，在新政末期，即 1938 年 6 月国会又通过了罗斯福政府倡导的《公平劳动标准法》（又称《工资工时法》）。

在短短的六年时间内，美国国会通过了数量如此之多的劳工立法，这在美国历史上至为罕见。并且，纵观这些立法，其大多从维护劳工利益出发来调解劳资关系，政府抛弃了传统的一味偏袒资方的立场，而站到了劳资双方之上对其关系进行调解，从而使立法具有了较大的积极意义。同时，新政时期的劳工立法不仅涉及工资、工时问题，还包括了集体谈判、社会保险、职业培训等其他方面。可以说基本上已具备了现代劳动法内容的雏形。因此，从 1933 年 5 月开始，随着新政的实施，美国由联邦立法主导的劳资关系时代也随之到来。

第 2 章　罗斯福新政时期美国劳工立法的全面加强

2.1　罗斯福新政时期全面强化劳工立法的原因

　　西方克雷格劳资关系理论指出，劳资关系并非存在于真空之中，而是受许许多多内部和外部因素的影响。在产业关系系统内，劳动者或工会组织（工人）、雇主方或管理方（资产阶级）、政府及其与劳动关系有关的机构这三种主体相互作用、相互影响，对劳资关系以及各种劳资关系行为产生影响。同时，劳资关系行为还受到外部环境如经济环境、政策环境、社会文化环境等的影响。因此，劳资政策的制定也受到多种因素的影响。大萧条时期，劳工高涨的运动给资产阶级政府的压力、资产阶级政府根据形势的变化采取改良的统治措施、资产阶级有识之士的大力倡导等都极大推动了罗斯福新政时期劳工立法的全面强化。

2.1.1　劳工压力：劳工运动由自发走向自觉

　　作为产业关系系统中的主体之一，劳方的行为直接影响着劳资关系，直接对政策实践产生作用。在对自身所获利益不满、对现有政策不满的情况下，劳工通过采用罢工、集体行动等方式来对资方和政府施加压力，而这一压力则是促使劳资政策发生转变的直接推动力。20 世纪 30 年代大危机期间，劳方自发的有组织运动给资方与政府的巨大压力直接推动了政府劳资政策的转变。

1929～1933 年资本主义社会爆发了有史以来最为严重的经济危机，由于危机起源于美国，因此对美国的打击也最为沉重。"在危机中美国工业生产下降了 46.2%，其中汽车和钢铁生产分别下降了 99% 和 77%，大量的工业企业纷纷破产倒闭。"而危机所导致的严重损失则大都落到了美国工人和其他劳动者身上，"他们纷纷被逐出工厂和农场，流离失所，生活极端困苦，仅登记在案的全国失业人数便从 1929 年的 155 万人增至 1933 年的 1283 万人，失业率由 3.2% 增加到 24.9%。"[①] 1931 年秋季经济危机剧烈升级以后，不仅失业人数猛增，在业人的工资也迅速下降，"仅制造业生产工人的平均周工资就从 1931 年的 20.87 美元减为 1933 年的 16.73 美元，下降 19.8%"[②]。而胡佛的反危机措施的不力又进一步加剧了危机，使工人们生活极端困苦。1931 年至 1933 年间压在工人身上的经济负担是无与伦比的，沉重的经济负担使大量工人要么沦落街头、要么忍饥挨饿，而这些"从人道主义和社会控制的角度来看都是不可接受的选择，没有工作和社会福利保障，人们就会趋向犯罪和革命"[③]。20 世纪 30 年代，广大劳工再不能容忍社会对他们的剥削纷纷起来进行反抗斗争，并且逐步从自发斗争走向了自觉运动，给资产阶级统治者以沉重的打击和压力。

2.1.1.1 经济危机下劳工自发运动频繁

现代工业社会与传统农业社会不同，对大多数人来说，工资意味着生存；因此，从某种角度看，失业和工资的不断降低是生存和生存质量的巨大威胁。为了解决吃饭问题，广大工人们首先自发采取了各种自救手段。

1930 年 2 月，站在曼哈顿岛鲍在里旅馆附近的 1400 名群众突然奔向该旅馆运送食品的长车，把食物抛到地上让饥饿的失业者争抢；在兰岭地区，矿工们打碎公司商店的橱窗，让店主选择是把食物拿出来还是让食品被抢走[④]；

---

① 周增宝：《30 年代的大危机和罗斯福新政——大萧条对美国经济的影响》，《山东经济战略研究》，1994 年，第 1 页。

② 刘绪贻、杨生茂主编：《富兰克林·D. 罗斯福时代 1929—1945》，人民出版社，1994 年，第 31 页。

③ 吴必康：《英美现代社会调控机制》，人民出版社，2001 年，第 71 页。

④ 刘绪贻、杨生茂主编：《富兰克林·D. 罗斯福时代 1929—1945》，人民出版社，1994 年，第 58 页。

底特律的失业工人成群地涌入商店，把篮子装满，不给钱就走掉；在芝加哥，一个55人团伙被控诉拆毁整幢四层楼房，一块砖一块砖地搬走了。这种公开违法的活动在当时还很多，为了生存，人们想尽了各种办法，在当时"宾夕法尼亚州东北部无烟煤矿区的矿工私自挖煤作为家用，个别地方的矿工还挖煤卖。到1931年矿工违法开采的煤量约达50万吨。1932年又增为150万吨。到1933年，宾夕法尼亚东北部的违禁售煤活动已有很大规模，其收入已达3000万～3500万美元，而矿主则无可奈何"①。

除了这些直接解决自己温饱问题的运动外，随着反叛情绪的增长，广大工人还采取了种种自发的斗争，对美国政府施以压力，希望通过这些行为来促使政府解决自己的失业问题。这一点从美国学者霍华德·津恩所著的《美国人民的历史》中记载的报道可以看出。

1. 1931年8月5日，印第安纳州印第安纳港，1500名失业者袭击了弗鲁特格罗尔斯快运公司，他们希望以此能够得到工作以免于挨饿。

2. 1932年4月1日，芝加哥500名学生绝大多数衣衫褴褛、面容憔悴，游行穿越芝加哥的商业区到教育委员会办公室要求教育系统为他们提供食物。

3. 1932年2月16日，西雅图对县府大楼2天的围攻于今晚早些时候结束，该大楼曾为5000名失业者组成的队伍占领，副县长和警察用了差不多2个小时才驱赶了失业者。……②

正如《愤怒的葡萄》的作者斯坦贝克所说："这些人变成了一种危险因素，虽然工人们的这些行动大多是因出于实际的需要而采取的一些简单的自发行动，但是他们却有引发革命的可能性。"实际上通过这些满足自己需要而进行的直接行动，工人群众已向政府初步展示了他们那尚未被唤醒的阶级意识；如果政府仍然意识不到工人们的这种情绪，随着不满的增加，工人们很可能会采取更进一步的行动，逐渐走向自觉的斗争，并要求更多的权益。解决失业、贫困问题成了大危机期间政府的首要任务。

---

① 刘绪贻、杨生茂主编：《富兰克林·D. 罗斯福时代 1929—1945》，人民出版社，1994年，第59页。
② ［美］霍华德·津恩：《美国人民的历史》，许先春等译，上海人民出版社，2000年，第326页。

2.1.1.2　美国工人运动自觉性的增强

随着美国工人运动的深入发展以及广大工会组织的壮大，工人运动的自觉性开始大大增强，工人争权的意识逐步增强，争权的范围也逐步扩大，由单纯的经济领域扩展到了经济与政治并重。在美国共产党和劳联下层工会组织的领导下，工人们一次又一次地掀起更大规模的示威与罢工活动，给政府实施劳工立法施加了强大的压力。

1930 年 3 月 6 日爆发了由美国共产党人领导的具有历史意义的全国失业者示威。共产党、共产主义青年团和工会统一同盟在事先进行了大量的准备工作，"他们散发了 100 万张传单，组织了无数的准备性集会，3 月 6 日在共产党的领导下，全国各地广大失业者走上街头进行示威游行，提出了'不要饿死——起来战斗''我要工作'等口号"。以失业救济、失业保险，反对削减工资等为中心要求，这次示威的规模极大："纽约有 11 万人，底特律 10 万人，芝加哥近 5 万人……总计有 125 万工人参加。"① 这次大规模的游行示威很快震惊了全国，给美国政府以沉重打击。事实上，工人群众在美国共产党的领导下已经开始作为一支独立的政治力量出现，失业问题已不再是单纯的个人问题，开始成为美国政治问题。美国政府如不再采取措施，把这些冲突保持到可控秩序范围内，那么很可能一场大规模的革命运动也会很快爆发。

1930 年 7 月 4 日，在美国共产党的倡议下全国失业理事会在芝加哥成立，随后全国几十个城市又成立了地方失业理事会。在这些斗争目标的指导下，理事会领导各地群众开展了群众集会、游行示威、反饥饿进军运动，成立防止破坏纠察队等多种反抗活动，其中影响最大的是反饥饿进军运动。1931 年 12 月，反饥饿的进军者从芝加哥、圣路易、布法罗和波士顿向华盛顿进军，提出制定失业保险法、援助需要援助的人、实行 8 小时工作日而不削减在业工人的工资等要求；到 12 月 6 日，大约有 1500 名反饥饿进军者进入首都，给政府以重大打击。1932 年 1 月，由詹姆斯·考克斯牧师领导的 1200 名宾夕法尼亚人来到华盛顿，要求开办公共工程、实施联邦救济和向富人征税。1932

① 张友伦、陆镜生：《美国工人运动史》，天津人民出版社，1993 年，第 627 页。

年12月，美共又组织了第三次全国性的面向首都华盛顿的反饥饿进军，参加此次进军的群众达3000人[①]。

除了美国共产党的领导，其他较为激进的工人组织如运输工人国际兄弟会、全国纺织工会等都领导工人进行了有组织的斗争。在中西部的重要城市明尼阿波利斯，劳联的运输工人国际兄弟会的第574号司机地方工会的运煤司机于1934年2月7日至9日举行罢工，使煤场瘫痪，迫使雇主承认了他们的工会。5月15日，由美国托洛茨基派分子领导，卡车司机第二次举行罢工，并得到了该城其他工业部门的工人支持。8月22日，罢工取得胜利，雇主答应了工会提出的提高工资等要求[②]。这些罢工已经由早期共产党领导的争取经济利益转向争取政治权益，工人们的维权意识已经更增强了一步。

一次又一次的斗争使工人阶级的斗争维权意识逐渐加强，他们意识到只有联合起来才能壮大自身力量、才能给统治阶级以压力。而劳工压力是对劳工的保护伞，它可以促使政府逐渐改变政策、正视劳工们的利益要求。罢工、示威等工人运动如滚滚怒涛冲击着资本主义统治的堤坝，给资产阶级以巨大压力，使其惶惶不可终日。统治阶级开始认识到如对资本主义的生产关系再不进行一定调节，不但资本增值难以为继，资本主义的统治也难以照旧维持；所以"尽管资本一百个不愿意，但是为了求生，还是要吞下'调节'的这服苦药"[③]。从1931年开始，各州政府开始纷纷制定相关的劳工立法以解决失业问题，而各州的行动又在不同程度上影响到了联邦政府，直接推动了罗斯福政府大规模地实施劳工立法。

2.1.2　政府倡导：美国政府劳工立法自觉意识增长

在罗斯福新政之前，政府对劳资矛盾一般采取放任自由的政策，或者站在资方一方对劳工采取镇压的政策，几乎没有实施过正式的劳工立法，即使

---

① ［美］威廉·福斯特：《美国共产党史》，梅豪士译，世界知识出版社，1957年，第300－306页。

② Stein, Emanuel, *Labor and the New Deal*. New York: F. S. Crofts & co., 1934, p. 98.

③ 《资本主义的自我调节及其局限性》，《求是杂志》2001年第五期，第13页。

实施也是在劳工反抗的压力下被迫实施的，且常常不久就被判违宪而失败。罗斯福新政时期，特别是新政第二阶段时，以罗斯福为代表的美国政府逐步意识到实施劳工立法对于处理劳资关系特别是维护资产阶级统治的重要性。于是，美国政府的态度开始发生转变，其实施劳工立法的自觉意识也不断增长，逐步开始由被动解决劳资冲突走向主动实施劳工立法。

2.1.2.1　美国政府被动解决劳资冲突

在罗斯福实施新政以前，除铁路业外，美国国会和州议会几乎没有实施过正式的劳工立法，即使实施也是在带工反抗的压力下被迫实施的，但不久就被宣布违宪。如，1849 年新西泽州通过的实行 10 小时工作日的法令是在 1833 年开始的罢工高潮的压力下被迫实施的；1916 年通过的第一项涉及工人工资、工时的全国性法令《亚当森法》是在"八小时工作日运动"和铁路工人的不断斗争下艰难产生的；同年出台的《基廷 - 欧文法》则是在埃德加·G. 墨菲等改革者成立的全国童工委员会积极活动和广泛宣传的情况下实行的……这些法律除了《亚当森法》外，其他法律基本上都在实施不久就被宣布违宪，从而作废。

胡佛当政时期，面对严重的经济大危机，他仍然抱住自由放任原则不放。一方面对广大劳工的失业、工资下降状况放任不管，认为这是个人的事情，政府不应插手；另一方面，对不断膨胀、兴起的劳工运动采取严厉的镇压政策，对于退伍军人要求退伍费的运动甚至派出军队进行武力打击。此时的美国政府主动解决劳资矛盾的意识仍然相当薄弱，对于劳资问题要么放任不管，要么采取偏袒资方、镇压劳方的政策。这引起了广大人民的不满，他们纷纷进行示威游行、罢工，要求尽快解决失业和工资、工时等劳工问题。

1933 年罗斯福上台后，美国经济危机达到了顶峰，整个社会陷入了有史以来的严重动荡不安之中，稳定经济和社会秩序成为当务之急。罗斯福政府在总结了前任总统胡佛的教训后，放弃了传统的自由主义政策，开始干涉社会经济问题。他认为：解决经济危机最根本的是要提高广大人民的购买力，而下层群众购买力的提高取决于他们的就业水平和工资水平；解决社会危机、维护社会稳定的根本在于广大人民基本生活的维持、人民基本要求的满足，而在工业社会"工资意味着生存",因此,解决这一问题的关键仍在于解决人们的就业问题。为形势所迫,国会通过了《联邦紧急救济法》和《全国产业复兴法》。这两个法律一面对广大人民实施直接救济,以满足人们的基本生活需求;一面确定了工资工时标准和集体谈判原则,以满足在业工人的政治经济要求。虽然这较之以前有了很大进步,但是由于此时政府实施劳工立法的自觉意识还较薄弱、两项法律主要是为应付紧急局势而被迫尝试采取的、垄断资本家在各行业公平竞争法规的管理机构中仍起主导作用;因此它所涉及的劳工权益的内容还远远不够全面,制定与实施之间也存在很大差距。实际上,此时政府与企业界仍是一种合作伙伴关系,政府的自主性还相当有限,并没有完全站到总资本家的立场上来。这种状况正如著名的新政史学家洛克滕堡在分析负责实施和监督劳工立法实施的机构——国家复兴管理局时所说:"国家复兴管理局只有在国家危机感遍布时才能保持国家利益意识而反对私利,随着危机感的逐渐消失,主张限制生产的企业家走上了管理机构的决策位置……由于罗斯福、约翰逊和里奇伯格(先后两任国家复兴管理局局长)对使用惩罚权犹豫不决,又无意实行广泛的国家计划,企业和公司的私利便压倒了公共利益。"①

可见,在1935年前的新政第一阶段,美国政府虽然尝试制定劳工立法但是由于很大程度上是由于经济危机和劳工运动的压力所致,因此政府还没有完全站到总资本家立场上主动调节劳资关系,实施劳工立法,与企业间还处于伙伴关系中,所以这一时期劳工立法制定的数目少,涉及的范围也较窄。

2.1.2.2　美国政府主动实施劳工立法

1934年夏秋间随着经济的复苏,第一次新政期间形成的企业家、工人、农民联盟日益解体,广大工人因不满足于已有劳工立法而开展各种抗议活动,要求政府继续更大规模地实行劳工立法,使"政府已不得不采取措施和这些

---

① [美]威廉·爱·洛克滕堡:《罗斯福与新政》,朱鸿恩、刘绪贻译,商务印书馆,1993年,第69-70页。

不满势力联盟，否则就要冒被这些势力推翻的危险"①。然而资方在逐步解决了经济危机后开始出来反对新政劳工立法，一面联合最高法院不断废除已有立法，一面召开全国代表大会公开谴责政府的劳工立法。这时美国政府逐渐意识到，像过去那样与企业界合作无益于维护政府的统治和垄断资本主义的发展，要想真正长久维护垄断资本主义的利益、维持社会稳定、确保资产阶级的统治，必须采取主动的态度实施劳工立法，至此美国政府对待政府内部关于劳工问题的矛盾、处理劳资纠纷等问题的态度发生了变化，其实施劳工立法的自觉意识逐渐形成，采取的措施也更加有利。

1. 与最高法院进行斗争，扫除实施劳工立法的障碍

从 1935 年开始，随着经济和社会秩序的恢复，资产阶级开始反对新政特别是劳工立法，不仅企业界公开进行谴责，最高法院也先后在一系列案件中判决新政劳工立法无效。从 1935 年 1 月 7 日判决《全国产业复兴法》无效后，有关保护劳工权益的《铁路职工退休法》《格菲 – 斯奈德煤矿法》、纽约州有关妇女最低工时最高工资立法先后被判决违宪，新政前期的劳工立法几乎全部被否决。为了从整体和长远维护垄断资本主义的利益，罗斯福放弃了过去较为被动和犹豫不决的态度，公开与最高法院进行了斗争。在 1937 年 2 月 5 日总统向国会提出了一个改组法院的法案，规定"已任职 10 年或 10 年以上的联邦法官年满 70 岁尚未退休者，总统便可增补一名法官到他任职的法院"。这项规定为最高法院输送新生力量，有利于减少最高法院保守法官对劳工立法的破坏，进而推动劳工立法的实施。虽然到 1937 年 7 月该法案被国会否决，但是广大群众对最高法院做法的强烈反对和对罗斯福的支持致使最高法院最终屈服，最高法院逐渐终止了破坏行为，并开始支持新政劳工立法；保守法官范德范特宣布退休，罗斯福任命支持新政立法的法官进入最高法院，政府推动实施劳工立法的战斗至此获得了事实上的成功，为以后全面大规模的劳工立法的实施扫除了障碍、创造了条件。可以说此时美国政府实施劳工立法的自觉意识较之以前大大加强了。

① Arthur Meier, Schlesinger, *The Coming of the New Deal*. Boston: Houghton Mifflin, 1958, p. 479.

2. 政府官员积极倡导，主动推动劳工立法实施

除了政府与最高司法部门进行斗争创造实施劳工立法的良好环境外，政府部门的一些工作人员也积极推动劳工立法的制定。如罗斯福政府的劳工部长弗朗西丝·帕金斯对劳工非常关心，对劳工问题也是了如指掌，她长期致力于改善工人们的健康、安全和工作条件的事业，常为工人问题在政府官员和部门间奔走宣传。1935 年实施的《社会保障法》除了罗斯福的推动外，与弗朗西丝·帕金斯的积极倡导也是分不开的。

国会参议员瓦格纳更是一位关心劳工问题的有识之士，早在胡佛时期，他就向政府提议实施公共工程和救济工作以解决劳工失业问题，但遭到拒绝。罗斯福当政后，他继续积极推动劳工立法，在《全国产业复兴法》被最高法院宣布违宪后，瓦格纳又积极倡导并推进《全国劳工关系法》的制定与实施。他认为《全国产业复兴法》第七节中的劳工条款规定得不够明确，许多劳工权利并没有得到很好的实施；他提出应进一步对劳工权利加以明确，并用政府的力量维护劳工们的集体谈判权。在立法制定后，瓦格纳又力劝罗斯福加以实施，他指出："除非提高工资，让工人买得起自己所生产的商品，否则大萧条的惨状就不会消失。"[1] 这一建议对罗斯福迅速签署《全国劳工关系法》起到了极大的推动作用，瓦格纳实际上为劳工立法的实施创造了条件。

总之，罗斯福政府部门中有一大批关心下层群众、劳工问题的有识之士，他们对广大劳工的关心与支持，对劳工立法的推动起了积极作用，为美国新政时期劳工立法的全面发展提供了动力。同时，面对大危机和日益膨胀的工人运动，他们也意识到："为了使这些对立面，这些利益相互冲突的阶级不致在无谓的斗争中把自己和社会消灭，就需要有一种表面上凌驾于社会之上的力量，这种力量应当缓冲冲突，把冲突保持在'秩序'的范围以内。"[2] 而资本主义国家要维护所有资本家的整体利益，就必须充当这种"从社会中产生但又自居于社会之上的力量"；通过实施调节政策来满足对立阶级的部分要

---

① ［美］威廉·曼彻斯特：《光荣与梦想》，商务印书馆，1978 年，第 191 页。
② 《马克思恩格斯选集》第四卷，人民出版社，1995 年，第 170 页。

求，使其增强对自身统治的认同感。因此，在一次次的震荡与危机中，统治阶级已认识到了劳工力量的巨大、看到了劳工立法对于自身统治的益处。统治阶级自觉制定劳工立法的意识的逐渐加强，客观上为美国劳工立法的全面强化奠定了基础。

2.1.3　个人推动：罗斯福对劳工立法的促成

劳工的压力和政府的倡导可以说是促使罗斯福新政时期劳工立法全面强化的直接推动力，但是除了这些因素以外，其他一些因素也在其中起了不可或缺的作用，如罗斯福个人积极的推动对劳工立法的实施也起了不容忽视的作用。

美国著名史学家亨利·康马杰和理查德·莫里斯曾指出："自华盛顿以来，没有哪一位总统像罗斯福那样主宰过他的政府和他的时代。如果说，罗斯福在国内外事物上的改进确实是他不能控制的环境迫使他的政府做出的，那么同样真实的是，他也在极大程度上以自己的意志和目的影响了这些事物。"① 罗斯福积极关心下层的人道主义观以及对总统权力的加强措施都推动了劳工立法的全面强化。

2.1.3.1　人道主义观：积极关心下层

作为资产阶级的有识之士，罗斯福比一般资本家看得更为长远，面对资本主义大量积累起来的财富与贫困，罗斯福认识到如果不采取一定的济贫措施，饥寒交迫的民众就会起来反对资本主义制度，进而最终影响到资本主义的发展。所以，他认为政府有义务关心公民特别是那些处于社会下层的广大民众。

早在担任纽约州州长时，罗斯福面对已持续近一年的危机就曾指出："州政府的责任之一，是照顾那些陷入逆境以致没有别人帮助就连生存必需物质也得不到的公民，这一职责是每个文明国家都公认的。""毫无疑问，当普遍经济情况使得大批男女由于他们不能控制的原因找不到有报酬的工作而无力

---

① 刘绪贻：《20 世纪以来美国史论丛》，中国社会科学出版社，2001 年，第 125 页。

养活自己或家庭时，州政府同样有责任。政府对这些公民理应给予帮助这不是施恩，这是义务。"①

在这种人道主义观念的支配下，罗斯福对广大人民的生活和要求要较之以前其他总统考虑得更多，在制定政策时也往往能考虑到下层群众的利益。他认为资本主义的发展是与人民群众分不开的，并指出："我们的权力来自人民，美国人必须摒弃那种攫取财富的思想，即通过攫取过度的利润而形成不正当的私人权力凌驾于私人事务之上，并且使我们不幸的事也凌驾于公共事务之上。"②因此，为了保证资本主义的发展必须首先解决人民面临的现实问题，适当满足人民群众的要求。在大萧条时期，人们急需解决的就是吃饭和就业问题，而罗斯福也认识到解决就业问题同样关系到经济的发展。为此，罗斯福上任伊始就抛弃了胡佛拒绝实施救济的原则，立刻颁布了《联邦紧急救济法》，对广大失业者实施直接救济，并尝试解决失业问题；随后又进一步实施了工赈计划，制定通过了《社会保障法》，这进一步缓解了长期失业带来的后顾之忧。

另外，对于工厂的工作环境、条件，罗斯福也给予了关注，在新政早期颁布的《全国产业复兴法》中就涉及了工资、工时、童工等问题。在1937年5月的国会咨文中罗斯福进一步指出："一个自力更生和自我尊重的民主国家，没有理由容许童工存在，也没有经济上的理由削减工人工资和延长工人工时。"③ 随后，在1938年罗斯福签署通过了更为详备的维护工人工资、工时及童工等权益的《公平劳动标准法》，使工人们的工作条件、经济权益有了更深入的保障。

总之，自身的人道主义价值观念使罗斯福认为美国唯一真正值得宝贵的是自然资源和人民群众。因此，他反对美国社会重视制度甚于重视人民、把劳动者当成货物或商品的观念。在解决危机、制定劳工政策时，罗斯福抛弃

---

① 黄进：《从国际共运看罗斯福新政——试论资本主义需求积累模式的建构和作用》，中国人民大学博士生论文，1992年。

② Franklin D. Roosevelt, *The Public Papers and Addresses of F·D·Roosevelt*, Vol. 4. New York：The Macmillan Co., p. 17.

③ Franklin D. Roosevelt, *The Public Papers and Addresses of F·D·Roosevelt*, Vol. 6. New York：The Macmillan Co., pp. 210–211.

了原来美国政府的自由主义传统和一贯支持资方的态度，实施了相较以前较为进步的劳工政策，以积极谋求改善人民生活、满足劳工们的政治经济要求。但也正像罗斯福自己所指出的那样："我们不会寻求在非常时期均分我们的财产，我们继续承认有一些人具有比他人更大的赚钱能力。"① 罗斯福并没有脱离维护资产阶级利益的轨道，只是从更为长远的角度考虑解决危机、缓和劳资矛盾的办法。但无论如何正是由于罗斯福在一定程度上具有关心下层不幸群众的价值观念，其才推动了美国采取新的处理劳资矛盾的办法、促使美国政府开始加大实施利于维护工人利益的劳工立法，进而促进了美国全方位劳工立法时代的到来。

2.1.3.2　加大总统权力：减少立法障碍

20 世纪 30 年代，罗斯福为了摆脱经济危机所实施的新政政策特别是劳工立法，与传统的资本主义政策几乎格格不入，为了顺利地推行这些政策就必须首先在某种程度上改变美国固有的三权分立的权力结构，以赋予总统和政府部门更大权力。为此，罗斯福通过采取种种措施于无形中加大了总统的权力。

在新政初期，被经济大危机弄得焦头烂额的企业家和国会议员们为了能够尽快恢复经济发展，对罗斯福实施的大量政策特别是劳工立法并没有加以阻挠，甚至还表现出了某种支持，这为罗斯福加强总统权力提供了良好的环境条件。在"美国需要一个强有力的政府，足以保护人民各种利益"的思想指导下，罗斯福大大拓展了总统的权力。

首先，他打破了国会拥有立法特权的传统，不断通过向国会提出特别咨文、写信等方式把过去破例向国会提出立法草案的做法变成了一种经常性行政活动，从而无形中扩大了总统的立法权；加之总统作为行政首脑和武装部队的总司令有权发布法令和命令，可以制定规则、命令和训令。所以，总统的立法权在危机期间要较之以前大得多。据统计，"从 1933 年至 1943 年间，国会通过的一切重要议案，除了少数例外外，不是由行政部门发起就是由总

---

① Franklin D. Roosevelt, *The Public Papers and Addresses of F · D · Roosevelt*, Vol. 4. New York: The *Macmillan Co.*, p. 17.

统倡议的"①。

其次，由于在经济危机期间国会制定法律时只拟定了一些笼统的条文，而赋予总统实施的很大权力，实际上就等于让总统或行政机关把具体的实施细节填进去；所以这也就大大地扩大了总统的权力，使立法权力实质上相对转到了总统手中。例如，"1933年的《全国产业复兴法》授权总统组织和管理美国的各行工业，设立各种新的机构，制定规章条例，给下属分派工作，并做其他一切被认为对于带来经济繁荣所必不可少的事情。"② 可见，在国会的授权下，总统大大减少了制定法规、法令的阻力，这就为制定劳工立法、确保劳工立法的通过提供了有利前提。

另外，罗斯福除了扩大总统立法权外，还通过与最高法院斗争而相对减少了司法部门对总统和行政部门的限制，从而减少了劳工立法实施的阻力。随着经济的好转，企业界对1934年、1935年两年出现的进步趋势摆开架势，准备大肆攻击。在这期间，有不少实业界、金融界领袖和大多数美国富豪走上积极反对罗斯福的道路。最高法院在这些因素的影响下、在对总统权力扩大不满的状况下，从1935年开始也先后判决一系列劳工立法违宪，并且颁布了1600多条禁令以阻止实施联邦立法。可以说最高法院的回击使新政时期的劳工立法成就几乎全部被否决。面对这种情况，在人民群众要求继续实施劳工立法的压力下，罗斯福对最高法院的行为做出了反击，提出了改组最高法院的议案；尽管最终没有得到议会的批准，但是毕竟给最高法院以一定打击。从1937年开始最高法院又不得不重新支持新政劳工立法，并使罗斯福在最高法院中安插支持新政立法的法官成为现实。这样，就为新政第二阶段更大规模地实施劳工立法扫除了障碍，为美国全方位劳工立法时代的到来奠定了基础。

当然，并非所有劳工立法都是罗斯福自己和他的政府推动的，很大一部分改革力量实际上来自国会进步派或工人组织，如美国共产党、劳联等。但是不管其他一些客观因素在劳工立法的制定与实施过程中起了多么重大的作

① 查尔斯·A·比尔德：《美国政府与政治》（上册），商务出版社，1987年，第218页。
② 查尔斯·A·比尔德：《美国政府与政治》（上册），商务出版社，1987年，第218页。

用，我们不可否认的是，罗斯福的个人推动为劳工立法的顺利实施提供了重要前提。罗斯福的人道主义价值观在很大程度上促使罗斯福采取了与胡佛不同的解决危机、消除劳资矛盾的措施。在大萧条的特定环境下他对总统权力的扩大确保了劳工立法的长久实施，解决了进步主义时代"屡次制定劳工立法，屡次被判违宪"的障碍，使美国劳工立法真正进入到全面实施的新时代。

总而言之，在产业关系系统内，任何一方的改变都会对系统的产出即政府政策、劳资关系造成影响。20 世纪 30 年代，客观经济环境的变化，劳资冲突的日益明朗化，有组织劳工意识的萌动和积极的争权运动，改革力量的种种努力，都推动着政府转变观念并对政策进行主动调整——开始主动实施大量倾向于保护劳工的立法。通过这些立法，美国政府基本建立起了一种新的社会调控系统。这种社会调控系统力图把各种社会关系纳入自身有形、无形的调控中，把各种社会矛盾及其"离心效应"置于可控范围内，以最终达到控制社会矛盾、调节经济发展、维护资产阶级统治与获得最大利润的目的。这一法律调控系统的形成，为美国日后解决劳资冲突提供了经验，也对美国社会各方面都产生了深远影响。

2.2　罗斯福新政时期美国劳工立法的主要内容

新政时期美国政府面临解决的问题主要有两个：一是缓和经济危机，促进经济的增长；二是缓和社会危机，维护社会稳定。无论是解决经济危机还是社会危机，劳工问题都不容忽视。在经济大萧条的状态下要促进经济增长，按照罗斯福的理论就必须首先要提高广大劳动者的购买力，而购买力的提高又取决于工资的提高；因此，解决劳工工资、工时问题成为缓和经济危机不可回避的环节。另外，随着垄断资本主义的发展，工人阶级的力量也逐步得到壮大，罗斯福政府认识到缓解劳资冲突不能单纯地一味采取镇压的办法。在经济大萧条这一阶段，劳工内部孕育的反抗力是巨大的，只有在一定程度上满足劳工要求、适当维护劳工利益才能真正解决劳资矛盾，也只有这样才能维护资产阶级的统治、确保社会稳定；而只有社会维持稳定，经济也才能真正得以恢复。

在以上客观条件的主导下，罗斯福政府在实施新政过程中颁布了大量的劳工立法，从政治、经济、社会等各方面对劳工权益进行了规定。综合来看，这些立法大致可以分为：1. 涉及集体谈判和组织工会的综合性处理劳资关系的立法，如《全国产业复兴法》《全国劳工关系法》；2. 规定各种具体劳动标准的法律，如《公平劳动标准法》等；3. 有关就业和职业培训方面的法律法规，如《国家学徒培训法》《联邦职业介绍法》等；4. 主要涉及养老保险和失业保险方面的劳工立法，如《社会保障法》《铁路员工退休法》等。

2.2.1　集体谈判与组织工会

美国法律体系由联邦法律和各州法律组成，但在 20 世纪 30 年代以前，除铁路业外，联邦几乎没有处理劳资关系的成文法，各州制定的法律只适用于各州内部，全国无统一法。同时，各州制定的劳工法也大都只对工人权益的一部分进行了规定，如最高工时、保护童工；或是只适用于一个部门，如铁路业、钢铁业。随着大工业的发展，国家进入垄断资本主义阶段，确定全国性的统一的法律标准成为广大劳工的迫切需要。同时，随着工人政治意识的提高、工会组织的发展，他们已经不再仅满足于解决经济需要，政治要求同样被提上了日程。为解决这一问题，从罗斯福新政时期开始，具有全国性质的综合法律经国会批准通过。

1. 《全国产业复兴法》

新政时期较为全面涉及劳工政策的第一个法律是 1933 年 6 月国会通过的《全国产业复兴法》，其主要目的在于"保证工业的合理利润和工人的合理生活费用，以消灭那些不仅干扰了正当商业而且也产生劳工弊害的强盗式的方法和措施"①，即通过制定合理的工资标准，缩短工时，订立公平竞争规约，

---

① Rhonda F. Levine, *Class Struggle and the New Deal*. Lawrence, Kan: University Press of Kansas, 1988, p. 223.

调整企业生产，调节劳资关系确保生产的良好环境来复兴工业。该法分为两个部分，其中第一部分内容大多涉及了劳工问题，其规定："1. 雇员应享有组织起来的权利，和通过自己选择的代表进行集体议价的权利。2. 雇主应遵守由总统批准和规定的最高工时数、最低工资数额和其他就业条件。3. 不应要求雇员和寻找就业的人以加入公司工会或不参加、不组织、不帮助他自己选择的劳工组织作为就业条件。"①

《全国产业复兴法》中所规定的一些劳工政策是经济危机时期工人进行斗争、统治者暂时作出让步的产物，其认可工人组织工会和集体谈判的权利、保证最低工资和最高工时的主要目的是联合劳资双方一起拯救资本主义；正如罗斯福所说，如果在每一个相互竞争的集团内所有的雇主都同意付给其工人同样的工资——合理的工资，并且规定同样的工时——合理的工时，那么，高工资和短工时就不会伤害任何雇主。不仅如此，这样干比失业和低工资对雇主还更好一些，因为这造成更多的买主去购买他们的产品。这就是《全国产业复兴法》的真正核心概念。但总体来看，这一立法毕竟使资方不能单方面地规定工资、工时等问题，而需要通过劳资双方集体议价来决定；同时，资方也不能干涉工人组织工会或以加入公司工会作为雇佣条件。这就使新政前旧的劳资关系发生了一定程度的改变、工人的权益得到了部分维护，工会运动也在此法的刺激下得到了发展。

但是，《全国产业复兴法》也有不可避免的缺陷。一方面，它的制定与执行之间存在着很大的差距，负责执行该法的官员无意于执行其中的劳工条款。另一方面，它虽重申了雇员有集体议价的权利，但它没有强使雇主承担这样的责任；这就使许多雇主根本不理睬劳工代表，也不接受劳工委员会的调解。因此，工人对此法态度逐渐不满，而资方实际早就对其中的劳工条款采取了抵制态度。在种种因素的影响下，最高法院于 1935 年 1 月 7 日宣判《全国产业复兴法》违宪，但在广大劳工的斗争压力下，国会很快又通过了《全国劳资关系法》，并得到了最高法院的批准。

---

① 　Henrys, Commager, *Documents of American History*, *Vol. 2*. New York：Prentice Hall, 1962, p. 273.

2. 《全国劳资关系法》

《全国劳资关系法》是当时最具代表性、最重要的一部综合性劳动立法，是调整美国劳动关系的一部基本法，至今仍对美国劳工法产生着重大影响。该法的核心是集体谈判，其主要内容包括以下五个部分。

（1）关于雇员权利问题。包括：在一个企业中组织工会的权利；不管雇主是否承认工会，都有参加或不参加工会的权利；有协助工会组织雇员的权利；有上街罢工以改善劳动条件的权利；有为工会利益，回避参加某些活动的权利。

（2）关于集体谈判及雇员代表问题。该法明确规定了集体谈判的单位及其成员、集体谈判的代表与雇主的责任、选举代表的原则及程序等等。

（3）关于雇主的不良行为。主要规定了以下五种：与雇员权利相抵触的行为；操纵或违法赞助劳工团体；对雇员采取歧视态度；干预、操纵劳动关系委员会的公务活动；拒绝以和谐的气氛进行谈判活动。

（4）关于劳工组织的不良行为问题。主要有对工人进行限制或威胁的行为、对雇主进行限制或强迫的行为等。

（5）关于劳动争议处理问题。《全国劳资关系法》规定因执行本法以及与工会和集体谈判相关的一切问题均由全国劳工关系委员会负责处理。该委员会依据本法进行管理或贯彻实行①。

总之，在新政时期颁布的这两个综合性的劳工立法，特别是《全国劳动关系法》明确规定了工人有组织工会和集体议价的权利，且雇主不得干预。这种权利是工人长期斗争所争取的，它在一定程度上适应和承认了劳联的工联主义的主张和要求，但劳资双方的集体议价是在承认资本主义所有制的基础上进行的。因此，罗斯福的政策实质上既保护了资本家，又把工人的斗争限制在工团主义的范围，有效地遏制了工人阶级觉悟和战斗性的提高。所以

---

① 参考 Alvin L. Goldman，*Labor，Law and Industrial Relations in the United States of America.* Kluwer law and Taxation Publishers，1984，pp. 51 – 53. *The National Labor Relations Act*（自新政网：http//：newdea；. feri. org）。

我们在看待这两部法律时一方面应当承认其进步意义——对劳工权益进行了保护，满足了其政治上的要求。但我们也不能单纯地认为美国政府此时完全站在了劳工立场上，实际上它仍是从资产阶级的立场出发，只是站到了更高的角度——从资本家的地位上采取改良措施对劳资关系进行调配。这两部法律对恢复美国经济、稳定社会起到了重要作用，其对劳资关系进行调解所采取的方法也为日后劳动法的制定提供了借鉴。

2.2.2　最高工时与最低工资

新政时期除了劳资关系方面的综合立法外，还颁布了一些规定具体工资、工时方面的劳动标准立法，如《格菲－斯奈德煤矿法》《沃尔什－希特利法》和《公平劳动标准法》。

工资与工时问题是历来美国工人运动所争取的奋斗目标，因此美国有关劳工方面的立法也最早涉及此问题。早在进步主义时代，有些州的立法议会就已出台过有关工资、工时方面的立法；但其适用范围较窄，也常被看作违宪，因此发挥作用不大。

1933 年颁布的《全国产业复兴法》中已涉及了工资、工时问题，但论述不系统。到 1935 年，通过了《格菲－斯奈德煤矿法案》，规定："一律的工资等级和工时标准，保证集体谈判，设立一个全国委员会负责确定价格、分配和控制产量。批准关闭勉强够本的煤矿，重新安置转移出来的矿工等。"[1] 虽然这项法案较详细地规定了工资、工时标准和集体谈判的权利，但是不久就被最高法院认为违宪而无效。与此几乎是同时颁布的《沃尔什－希特利法》（1936 年）主要规定了公共合同的制定标准，通过商业合同关系推广最低工资与最高工时标准；其在一定程度上弥补了《全国产业复兴法》中规定工资、工时标准条款的不足。

到 1938 年，《公平劳动关系法》正式颁布，这是美国当时最为详尽系

---

[1] ［美］威廉·爱·洛克滕堡：《罗斯福与新政》，朱鸿恩、刘绪贻译，商务印书馆，1993 年，第 188 页。

统规定工资、工时标准的一项法律，规定："最低工资为 1 小时 25 美分，立即生效，并逐渐增为 40 美分；工时每周为 44 小时，3 年内减为每周 40 小时，禁止在州际贸易中运输任何全部或部分由 16 岁以下儿童制造的货物；在劳工部建立工资工时处，以监督此法的实施。"①虽然这项法律仍存在种种缺陷，但是它取缔了血汗工厂，基本结束了对童工的剥削，并奠定了工资、工时标准的基础，以后历届国会都是在此法基础上不断扩大实施范围和水平的。

2.2.3 就业救济与职业培训

新政期间美国面临的最困难的问题是失业问题，因此罗斯福上台伊始便出台了《联邦紧急救济法》，宣布设立联邦紧急救济署，授权有关金融机构向其拨款 5 亿美元用于救济失业者；并成立公共工程署吸引失业工人从事长期工程，以解决失业问题。不久，罗斯福于 1935 年又颁布了工赈法案，不再像《紧急救济法》那样以直接救济为主，而是设立了工程兴办署，以此来吸纳广大失业工人工作，实行"以工代赈"方案。同年，《联邦职业介绍法》也得以通过，虽然远不如英国这方面的有关法律完善，但也规定了各州州立职业介绍所职业介绍应遵循的条件、原则和工作程序，并提出由联邦介绍所总局对各州的介绍所给予津贴；这基本上使职业介绍行业进入了规范化体系。

为了更好地促进就业解决长期存在的失业问题，罗斯福新政时期还颁布了有关职业培训方面的法律——《国家学徒培训法》，这一法律经国会通过，旨在促使劳资双方及州政府设立机构以提高学徒的训练标准。

2.2.4 失业保险与养老保险

除了以上三类劳工立法以外，还有一些旨在对失业和贫困起预防作用的

---

① 刘绪贻、杨生茂主编：《富兰克林·D. 罗斯福时代 1929—1945》，人民出版社，1994 年，第 149 页。

失业保险和养老保险法，如《社会保障法》《铁路员工退休法》等。

在罗斯福新政之前，美国基本上没有系统的社会保障法。20 世纪初的经济大危机使失业人数剧增，救济、减少和预防未来失业成了罗斯福所思考的问题。1933 年，罗斯福就提出要准备一个使每个公民从摇篮到坟墓生活都有保障的法案。1935 年，《社会保障法》经国会审议通过，其包括失业保险和养老保险等内容。其中失业保险和劳工的联系最为密切，其规定："失业保险通过对雇主的工资单收取特种联邦税款来进行，保险金一半是由在职工人和雇主各交付相当于工人工资 1% 的保险费，另一半由联邦政府拨付。"①

《社会保障法》是美国第一部全国性的由联邦政府承担义务以解决失业问题为主体的立法，与前期立法相比，它所要保障的对象已从特定的职业劳动者如矿工、铁路工人逐步扩大到了其他受雇者——立法更具有普遍性。它在一定程度上解决了公民的生存权问题，缓和了社会矛盾，起到了所谓安全阀的作用，保障了社会劳动生产力的恢复，为经济的再发展提供了持久的后备军。同时，它的失业保险有利于刺激危机中的消费、增加社会有效需求，从而能够遏制经济的衰退。《社会保障法》不仅对罗斯福时期产生了积极影响，而且对日后美国社会保障法的发展也产生了深远影响，更为美国建立福利国家奠定了基础；同时，其也为世界提供了借鉴。

其他方面，《铁路员工退休法》主要涉及改善工人经济状况、为铁路工人提供养老金等方面内容。

总起来说，这一时期的劳工立法涉及内容已相当全面，基本上具有了现代美国劳动法的框架。这一时期的劳工立法既发展了前罗斯福时代的劳工立法，又为以后劳工立法的制定提供了参照。

---

① 王豪才：《罗斯福"新政"社会福利救济措施的背景及作用》，《湘潭大学社会科学学报》2002 年第 2 期。

2.3　罗斯福新政时期美国劳工立法的主要特点

在短短的六年时间里，罗斯福政府通过和制定的劳工立法多达 775 项[1]，其中仅影响重大的就达十几项。立法数量之多，出台速度之快是以前政府所不能比拟的。除了数量多、速度快这些显而易见的特点外，罗斯福时代劳工立法还具有立法全而广、适用行业普遍以及倾向于对劳工权益的保护等重要特点。

2.3.1　劳工立法的数目巨大与实施快速

罗斯福上台执政时期正值美国有史以来最为严重的经济大危机的高峰期，广大人民遭受了前所未有的灾难与贫困，尤其是处于社会最底层的广大劳工，他们的处境更为艰难，经济、政治生活环境都处于极为险恶的状态，为了生存，社会各阶层都进行了广泛斗争，特别是劳工运动风起云涌，资本主义统治大厦的稳定遭到严重威胁。现实情况使美国政府开始意识到传统的自由放任政策面对大危机是无能为力的，解决失业问题、阻止反叛运动的惊人增长、维持社会稳定成为当务之急。为此，罗斯福上台伊始，便开始实施他的立法改革计划。劳工立法是这次改革的重要组成部分，其最明显的特征是数量多、出台速度快。

作为应急措施，国会在总统的倡导下首先通过了《联邦紧急救济法》，并取得了一定效果。随后，被大危机打击得晕头转向的资产阶级顾不上考虑太多，对罗斯福倡导的《全国产业复兴法》等多个劳工法律几乎未加阻挠地予以通过。仅在第一个百日新政时期内，美国政府通过的重要立法中，劳工立法占近1/3。随着经济问题的缓和，政治问题又提上日程，从根本上解决劳资矛盾以维护社会稳定成了保持资本主义继续发展的重要因素；为此以罗斯福

---

[1] 龚莉：《就业和社会保障》，人民出版社，1996 年，第 59 页。

为代表的美国政府又先后实施了承认工人组织工会、进行集体谈判等内容的劳工立法，到新政结束时其立法总数已多达 775 项，而重要立法也有十几项（见表 1）。数量之多为以前政府所无法比拟。

表 1　罗斯福新政时期通过的重要劳工立法

出台时间	名称
1933 年 5 月	《联邦紧急救济法》
1933 年 6 月	《全国工业复兴法》
1934 年	《反佣金法》
1934 年	《铁路职工退休法》
1935 年 4 月	《工赈法案》
1935 年 7 月	《全国劳工关系法》
1935 年 8 月	《社会保障法》
1935 年	《格菲-斯奈德煤矿法》
1935 年	《联邦职业介绍法》
1936 年	《通行工资法》
1936 年 6 月	《沃尔什-希利法》
1937 年	《国家学徒培训法》
1938 年 6 月	《公平劳动标准法》

（参考：丹尼尔·奎因·米尔斯《劳工关系》，李丽林、李俊霞等译，机械出版社，2000 年，第 129 页。Matthew A. Kelly, *Labor and Industrial Relations*. Baltimore：Johns Hopkins University Press，1987。Howard D. Samuel，*Troubled Passage*：*the Labor Movement and the Fair Labor Standards Act*. Monthly Labor Review December 2000。)

另一方面，刻不容缓的紧急形势要求政府必须做出较快的反应，只有这样才能维持资本主义的统治；所以在出台与实施劳工立法的速度方面，罗斯福新政时期也较其他时期更为快速。罗斯福于 1933 年 3 月 5 日就任总统，同年 5 月就推动政府通过了《联邦紧急救济法》。随后，在仅隔一个月后《全国工业复兴法》又经国会讨论通过。在新政第二阶段，《全国工业复兴法》虽于 1935 年 1 月被判违宪，但在罗斯福的斗争及在广大人民的压力下，5 月国会就又再次讨论了瓦格纳议员 2 月提出的《全国劳工关系法》（这一法律在《全国工业复兴法》的基础上更为详细地规定了工人们的权利），并于 6 月 27 日通过。其他，如《社会保障法》，总统在 1934 年 6 月 8 日提出立法计划，于 1935 年 8 月 14 日通过；《格菲 - 斯奈德煤矿法》在 1936 年 5 月 18 日被判违宪后，于 1937 年又再次通过与之内容相当的《格菲 - 文森法》；1937 年 5 月罗斯福向国会提交《公平劳动标准法》后于 1938 年通过。同时这些立法在通过后即立刻予以施行，并在相关机构的配合与监督下切实发挥了作用；这与罗斯福之前时期的或长久讨论搁置或不能真正执行的情况相比有了极大进步。

2.3.2 劳工立法的适用范围与对象扩大

罗斯福新政时期的劳工立法适用范围比以前更为扩大，几乎包括了所有企业中的所有工人。例如，在工资、工时方面，美国在罗斯福新政以前虽然有的州已经实行了每日 8 小时、每周 40 小时的工作制，但只限于政府机关和公用事业的劳动者，而不适用于私营企业的劳动者。在私营企业中只有矿山实行 8 小时工作制，后来在工人的罢工压力下才扩展到铁路交通运输业和海员职业，至于在一般工厂中这种立法还不适用。20 世纪 30 年代大萧条过后，美国国会通过的《公平劳动标准法》正式规定："雇主不得使雇员在一个工作周内工作时间超过 40 小时。"这才在全国所有行业中都实行了统一的工时标准。其他一些方面如工资标准等也是如此。

同时，除了适用行业范围的扩大外，适用地区的范围也得到了扩大。在罗斯福实施新政之前的劳工立法大都是各个州制定的，其一般来说，只适用于本州范围，对其他州的约束力较小。如 1912 年马萨诸塞州制定的《女工最低工资立法》、1902 年马里兰州通过的《雇主责任法》，以及其他一些州如纽约、俄亥俄、威斯康星、新泽西、密歇根等州制定的工人赔偿法等，事实上都只适用于本州①。到 20 世纪 20 ～ 30 年代，尽管州立法仍然在美国社会政治生活中起着很大的作用，但是由于经济大危机的打击、垄断资本主义的发展，单纯地以地区为单位进行调控已远远不能适应形势的发展。劳资问题的解决需要联邦政府的帮助，资本主义的再发展要求全国的一致性；所以，制定全

---

① Matthew A. Kelly. *Labor and Industrial Relations*. Baltimore：Johns Hopkins University Press，1987，pp. 87 – 89.

国性立法，大范围地调整劳资关系，保持全国工业中的一致性成为迫在眉睫的问题。同时，在处理劳资矛盾、恢复经济活动的实践中，罗斯福政府也日益认识到全国立法对缓解劳资冲突、促进经济发展的有效性，于是罗斯福新政时期除了州立法外，美国政府还加大了全国性劳工立法的制定与实施，如《全国产业复兴法》《全国劳工关系法》《社会保障法》以及新政后期通过的《公平劳动标准法》等，它们大都是由政府倡导经国会通过而生效的法律。这些法律的出台加大了解决劳工问题的力度与实效，实质上为更好地发展垄断资本主义创造了条件。

与适用范围扩大同步进行的是劳工立法适用对象的扩大。例如新政以前有关工作时间的劳工立法多只限于未满 16 岁的童工，至于成年工人的工作时间并没有缩短的规定；其他方面也大多只考虑童工和女工，有关成年男工的规定相对要少得多。

2.3.3　劳工立法涵盖面广而全

罗斯福新政时期劳工立法涵盖面广而全，主要是指其内容已基本涉及劳动关系的一切方面，已经基本具备了现代劳动法的雏形。19 世纪初的劳工立法内容相当简单，只限于童工的受雇年龄、工作时间以及童工和女工做夜工。19 世纪中期以后逐渐增加了涉及工人赔偿、工资标准以及工会方面的立法，比如 1906 年国会通过的《雇主责任法》、1914 年制定的《克莱顿反托拉斯法》、1916 年通过的第一项涉及铁路工人工时的《亚当森法》等。到罗斯福新政时，立法内容包罗的范围更加广泛，从涉及工人经济利益的工资、工时法到关注于工人政治要求的劳动关系法，从解决工人现实失业问题的就业法到从长远预防未来失业的社会保障法，从职业培训到公共契约；罗斯福新政时期的立法几乎涉及工人劳动权益的每一个方面，基本上把现代劳工立法所能涉及的内容都包括了进去。当时美国劳工立法内容之全，不仅达到了历史上最高水平，也达到了当时世界的最高水平。

总之，罗斯福新政时期劳工立法适用范围与对象的扩大、内容的不断完善，使劳工立法已形成了一个较为完整的体系。一方面，它涉及了各行各业的劳动者，并且摒弃了只针对女工和童工的传统，而面向于各成年劳工。另一方面，它所涉及的内容逐渐拓宽，由仅限于维护劳工经济权益，乃至仅限于工资、工时方面而扩大到满足劳工的政治要求、承认其集体谈判、组织工会等权利；由仅解决一时的济贫、救济，扩展到对劳工提供稳定而有效的长期失业保险；等等。同时，内容与范围的扩大带动了法律形式的完善，罗斯福时代之前的劳工立法大多是法令法规，且多是以单行法律独立存在；到罗斯福时期，逐渐出现了不同形式的立法，有综合性的劳动法典（如《全国劳工关系法》），有单行的劳动法律和法令，有全国性的行政法规，有地方性部门性的劳动法规，等等。与此同时，劳工立法的执行和监督部门也随之确立与完善，如《全国产业复兴法》中规定设立的全国复兴总署和公共工程署实际上是《全国产业复兴法》的执行机构，同时它们又在一定程度上负责监督雇主对规定条款的执行；而《全国劳工关系法》建议设立的全国劳工关系总委员会更是维护《全国劳工关系法》执行的一个强有力的保障。

2.3.4 对劳工权益保护加大

由于内容和范围等方面的局限，罗斯福时代之前的劳工立法大多只注重维护劳工经济方面的权益，关于规定劳资关系、维护工人政治权益的立法基本上处于空白状态。另外，在 20 世纪以前，由于工人力量尚未壮大，为了榨取更多利润的资产阶级对工人的要求往往采取压制政策。一是资产阶级与政府联合对工人争权的斗争进行镇压、打击。二是通过实施禁令法、黄狗契约①对工人进行限制、破坏工人工会活动，即通过"遏制一个或一个以上工人从事或威胁要采取的各种行动的命令"和"以不参加工会为雇佣条件的合同"来破坏工会运动。这一活动在 20 世纪 20 年代达到了高潮，"在新政以前的年

---

① "禁止令"，指雇主拥有的禁止某些工会运动的法定权力；所谓"黄狗契约"，是指劳资双方共同签订的、禁止员工以个人名义参加工会及其活动的书面协议。

代，工会称法院为靠禁令统治的机关"①。

20 世纪 30 年代经济大危机使工人生活极端困苦，为了生存，广大劳工不断起来进行反抗，正如戴维·米尔顿所说："在 1930 年、1931 年、1932 年间，当现存的工会运动处于最低潮而工会会员剧减时，失业、工资削减和恶劣的劳动条件，使得陷于结构底层的千千万万工人激进起来。"② 这种情况使罗斯福政府意识到对劳工运动采取镇压态度、完全站在资方一边是不能够缓和社会矛盾、维护社会稳定的，而社会的长久动荡不仅不能够维护资产阶级的利益，甚至可能会威胁到资产阶级的统治。因此，罗斯福政府吸取了胡佛政府的教训，对于劳资矛盾采取了积极地通过维护劳工权益的措施进行解决。于是大量维护劳工权益的立法出台，特别是 1935 年颁布的《全国劳工关系法》，其规定了雇员拥有集体议价及自我组织等权利；同时全面规定了雇主被视为违法的条款，如："干预、遏制和威胁雇员履行第七条保证的权利（即雇员拥有为了集体议价或其他互助或保护的目的而自我组织起来的权利，拥有组成、加入和帮助劳工组织的权利等）；控制和干预任何劳工组成、管理或给予财政支持或其他支持；在雇佣就业期间或在就业条件、情况方面实行歧视……；因雇员根据本法提出控告或作证而给予解雇或对其进行歧视③；等等。

应该说，此时对工会和工人权利的维护达到了顶峰，劳工获得了前所未有的权利与保护，这在美国劳工立法史上是罕见的。

由此可见，罗斯福新政时期的美国劳工立法在各个方面都较之以前有了进步与发展，特别是对劳工权益的维护有了较大的强化；因此整个罗斯福新政时期是美国历史上劳工立法最为积极进步的时期之一。综合以上劳工立法的特点可知，实质上全面强化是这一时期劳工立法最显著的特征，而罗斯福

---

①　艾尔伯特·布卢姆：《美国劳工运动史》，转引自黄安年《20 世纪美国史》，河北人民出版社，1989 年，第 125 页。

②　David. Milton，*The Politics of U. S. Labor：from the Great Depression to the New Deal.* New York：Monthly Review Press，1982，p. 27.

③　*The National Labor Relations Act*（自新政网：http//：newdea，. feri. org）.

新政时期劳工立法出现全面强化的特点应该说和劳工运动高涨、政府统治观念的变化以及资产阶级政府内部有识之士的个人因素等都是分不开的。可以说，罗斯福新政时期劳工立法的加强并不是一个偶然现象，而是多种因素共同作用的必然结果，是一种历史的选择。

2.4 罗斯福新政时期劳工立法的影响

美国劳工立法在罗斯福新政时期得到了全面强化，无论是在内容、形式还是适用范围等方面都达到了一个新的高潮，基本上形成了一个完整的劳工立法体系。这一体系的建立完善了美国社会调控机制，对缓和矛盾、稳定社会、发展经济发挥了积极作用，同时也对美国未来社会的发展产生了影响，在美国历史上具有重要作用。

2.4.1 劳工立法的直接作用：缓和危机与稳定社会

罗斯福新政时期劳工立法种类繁多，可以说对社会各个方面都产生了一定程度的影响，其中对于当时社会政治经济的影响是最为直接、明显的。在经济方面，劳工立法的实施确保了劳动力供应的质量与数量，增加了社会需求，有利于经济的恢复与发展；社会政治方面，它在一定程度上防止了社会动荡、平息了社会不满、缓和了劳资矛盾，利于减弱对现存社会制度的离心力，同时也加大了广大劳工对现有政府的支持。

2.4.1.1 缓和经济危机，为持续发展创造条件

大量的劳工立法为广大劳工及下层群众提供了各种保护与服务措施，从而确保了劳动力的数量与质量，利于增加社会需求、扩展国内市场，进而为经济的恢复与发展创造了不可缺少的条件。

1. 保护劳动力资源

罗斯福新政时期的劳工立法不仅从身心上维护劳动者的权益、保证劳动者的基本生活，而且还通过培训教育等手段提高了劳动力的素质，为经济发

展提供了高质量的人才。

1933 年颁布的《联邦紧急救济法》对失业者进行救济，确保了他们的基本生活，为经济再生产保存了人力；《全国产业复兴法》中禁止童工的法令维护了儿童的身心健康，为经济的可持续发展提供了健康的人员保障；《全国劳动标准法》则保证了工人们的健康，有利于促进劳动生产率的提高。因此，劳工立法的制定与实施可以说从人力资源上为经济的恢复与发展提供了保障。

2. 增加社会需求，扩大国内市场

社会需求的增加，国内市场的扩大是经济发展必不可少的动力。社会需求的提高是建立在人们消费水平提高基础之上的，而消费水平的提高又在很大程度上取决于人们收入水平的提高。新政时期的劳工立法积极解决了人们的就业问题，为提高消费、增加社会需求创造了条件。

1933 年国会通过《联邦紧急救济法》，设立"联邦紧急救济署"为失业人员提供直接救济；随后又通过《工赈法案》，建立"民间工程署"，拨款 13 亿美元用于完成 18 项工程计划和支付工资；而 1935 年《社会保障法》为失业者提供失业补助的规定，有助于经济萧条时期保持一定的消费水平，对经济发展起到稳定器的作用。这些立法的实施使"美国失业人数由 1933 年 3 月的 1400 万降至 1937 年 8 月的 500 万。生产、就业与制造业工资总额的指数，分别从 1933 年 3 月的 56、62.3 与 38.3 增加到 1935 年 12 月的 104.94、94.2 与 80.5。从 1936 年 5 月到 1937 年 9 月，就业指数由 96.4 增加到 112.2（高于 1929 年的最高数），而同一时期的工资总额指数则从 84 增加到 109，工业生产指数从 101 增为 117。按 1952 年美元计算，每人可以自己支配的收入，从 1935 年的 906 美元，增为 1937 年的 1048 美元，而 1929 年为 1045 美元"[1]。

就业情况的改观，工资水平的提高，使人们的购买力水平迅速回升，这极大地拉动了美国经济的增长。这一成就可以从美国国内生产总值的变化中

---

[1] ［美］阿瑟·林克、威廉·卡顿：《一九〇〇年以来的美国史》（上），刘绪贻、王锦、李世洞等译，中国社会科学出版社，1983 年，第 84 - 85 页。

体现出来（见表 2）：1929 年以后，物价下降很多；国民生产净值，从 1929
年的 1040 亿美元下降到 1933 年的 744 亿美元，到 1937 年回升到 1091 亿美
元，到 1939 年已达 1110 亿美元。美国经济已经逐步走出了危机的阴影①。

表 2 1929～1939 年美国国内生产总值表

名目 年份	名义 GDP （亿美元）	实际 GDP（亿美元） （以 1996 年为基准）	名义 GDP 增长率（％） （与前一年相比）
1929	1037	8222	
1930	913	7515	—11. 96
1931	766	7036	—16. 10
1932	588	6118	—23. 24
1933	564	6033	—4. 08
1934	660	6683	17. 02
1935	733	7283	11. 06
1936	837	8225	14. 19
1937	919	8658	9. 80
1938	861	8356	—6. 31
1939	920	9035	6. 85

（资料来源：Bureau of Economic Analysis，www. bea. gov）

2.4.1.2 缓解社会矛盾，稳定社会秩序

罗斯福新政时期劳工立法在一定程度上满足了广大劳工的政治和经济要
求，"有效地减轻了广大劳工对社会政治和政权的不满情绪，减缓了他们对现
存政治秩序的抨击和批评"②，使劳资矛盾得到了有效缓解。

1935 年 7 月，罗斯福政府颁布的《全国劳工关系法》规定："工人有权
组织工会和签订集体议价合同，雇主不能以任何方式禁止罢工或干涉工人组
织内部事务，法院有责任审理工会提出的有关违反法令的控诉案。" 政府通过

① 黄安年：《20 世纪美国史》，河北人民出版社，1989 年，第 234 页。
② 王豪才：《罗斯福 "新政" 社会福利救济措施的背景及作用》，《湘潭大学社会科学学报》2002 年
第 2 期。

满足劳工的政治要求，把他们纳入了资本主义的宪政体制：一方面，它把"工人反抗的能量疏导到选举中来，从而弱化劳工的反叛情绪；另一方面，工会等组织又把广大工人暴动的能量导入到契约、谈判和工会会议中去"[①]。

另外，1935 年颁布的《社会保障法》提出对失业者予以失业补助，这不仅缓解了他们的困境、解决了他们的生存权问题，而且还使社会成员具有了某些安全感。在现代工业社会中，"对大多数人来说，工资即意味着生存。从某种角度看，失业是生存和生存质量的最大威胁，失业保险给社会和政治稳定加上了重重的砝码。"[②] 可以说《社会保障法》的实施对社会发展起到了安全阀的作用。

正是这些劳工立法，劳动者的权益得到了一定程度的满足，从而大大减弱了他们对现有统治秩序的不满与反抗。据统计，在萧条时期的 1933 ～ 1940 年中，工人参加罢工的人数依次为 117 万、147 万、112 万、78.9 万、186 万、68 万、117 万和 57.7 万，依次占受雇工人总数的 6.3%、17.2%、5.2%、3.1%、7.2%、2.8%、3.5% 和 1.7%[③]。可见，罢工人数基本上处于逐年下降趋势，而工人罢工的减少从一个侧面说明了劳资冲突地减缓和社会稳定程度的提高。

2.4.1.3　赢得工人支持，利于罗斯福政府的统治

工人生活和工作状况的改善，政治要求部分的满足，使他们不仅减少了对现有统治秩序的不满与反抗，而且还增加了他们对现有政府的信任与支持。一位北卡罗来纳矿工曾说："我确实认为罗斯福是白宫历史上最具有高尚品质的人……在我记忆中第一次有位总统站出来说'我有兴趣并致力于为工人阶级做些事'。"[④]

广大工人阶级对罗斯福总统的信任很快变成了对他的支持。在 1936 年的总统选举运动进入到决定性阶段时，有组织的和无组织的劳工几乎一致

---

① ［美］霍华德·津恩：《美国人民的历史》，许先春等译，上海人民出版社，2000 年，第 338 页。

② 吴必康编：《英美现代社会调控机制》，人民出版社，2001 年，第 177 页。

③ 刘达永：《罗斯福新政时期的美国工人动态分析》，《四川师范大学学报》1988 年第 1 期。

④ Mario Einaudi, *The Roosevelt Revolution*. New York：Harcourt, 1959, p. 106.

拥护罗斯福重新当选。1936 年 4 月，约翰·L. 刘易斯、悉尼·希尔曼和乔治·L. 贝里等劳工领袖宣布组织劳工无党派联盟，以促使罗斯福能够重新当选，因为他们认为"罗斯福总统为工人所争取和完成的事超过了这个国家历史上任何一位总统……如果罗斯福被击败的话将意味着十年之内不会有新的劳工立法"①。同年 9 月，国会中新政的支持派与一些倡导新政的知识分子、各界领袖又在芝加哥组成了进步主义委员会，积极倡导选举罗斯福。

在广大劳工与下层民众的广泛支持下，罗斯福在 1936 年的选举中赢得了美国政治史上空前大的胜利，"除了缅因州和弗莱特州外，罗斯福几乎囊括了其他各州的选举人票，与竞争者兰顿相比，他重新当选的人民选票比兰顿多 1000 多万张，选举人选票则达到了 523 张对 1 张的比例。"② 投票者中"有 1916 年曾支持过民主党的西部和南部农民，还包括城市中的政党机构和少数民族地区的工人。他们绝大多数在 1928 年是支持拥护艾尔·史密斯的，现在都转向了罗斯福，北方城市中越来越多的黑人也投了民主党的票，这是前所未有的事"③。

德怀特·L. 杜蒙德曾在《现代美国》一书中指出："罗斯福在选举中得到的巨大支持不是贿赂，或阶级仇恨或政党机构活动的结果，它来自每个阶级，每个经济集团，全国每个角落。"④ 尽管其评价有些夸大，但是不容否认的是罗斯福得到了最广大劳工的支持，而他之所以得到如此多的劳工支持，在很大程度上是由于他在任期实施了大量进步的劳工立法，使处于历史上最黑暗时期的劳工们走向了光明，得到了新的希望与勇气，生活和工作的需要得到了满足；而政府与宪法也只有在它们能够促进人民利益时才能存在，才能得到人民的支持。

积极全面的劳工立法对罗斯福时代的美国社会政治经济等方面产生了直接而显著的影响，为美国成功地走出危机，再次走向繁荣与发展奠定了基础。

---

① Arthur M. Schlesipger, Jr., *The Age of Roosevelt：The Polities of Upheaval* . Boston：Houghton Mifflin Company，1960，p. 106.
② ［美］德怀特·L. 杜蒙德，宋岳亭译，《现代美国》，北京，商务出版社，1984 年，第 325 页。
③ 布卢姆·J 等：《美国的历程》，杨国标、张儒林译，商务印书馆，1989 年，第 405 页。
④ ［美］德怀特·L. 杜蒙德：《现代美国》，宋岳亭译，商务出版社，1984 年，第 616 页。

同时，国家在处理劳资矛盾时手段的变更，不仅使劳资冲突得到了缓解、劳资力量对比发生了变化，也使美国社会劳资关系格局发生了变化，这对美国的发展产生了深刻影响。

2.4.2　劳工立法的间接影响：对工人运动热情的消弭

20 世纪 30 年代美国新政时期的劳工立法涉及面广、内容之全达到了当时劳工立法史上的最高峰，这些法律对于改善工人阶级的劳动状况、提高劳动人民的生活水平以及保障工会的合法权利等方面起到了公认的积极作用。但是，任何事物都有它的利弊，从世界工人运动角度来看，一方面这些立法确实产生了积极影响；但另一方面，它在满足广大劳工经济政治权益后也消弭了工人阶级的斗志，使其被纳入资本主义的宪政体制内，从而遏制了美国工人运动的发展，对美国工人、工会力量的发展产生了消极影响。

新政时期的劳工立法，如《全国产业复兴法》《全国劳资关系法》以及《公平劳动标准法》等大都规定了工人的最低工资、最高工时，改善了工人们的劳动条件，使工人在没有增加劳动强度下逐渐获得了实际工资的增加和物质生活水平的提高。据统计，美国所有雇员的实际收入，"按 1914 年美元计算，1933 ～ 1941 年依次分别为 811（美元）、800、810、810、830、880、868、915、1018，而日用品的价格指数如以 1914 年为 100，1933 ～ 1941 年依次分别为 128.8、136.7、138.1、143.1、140.6、138.4、139.5、146.5"[1]，食品、衣物、住房价格也都平均下降了 3 个多百分点。工资增加，物价下降，工人消费生活水平随之有了提高。而"一切政治斗争都是阶级斗争，而任何争取自身解放的阶级斗争归根结底是围绕着经济上的解放而进行的"[2]，在大多数情况下，工人罢工是为了争取自身的经济利益，而实际工资的提高、生活水平的改善使工人的现实经济要求得到了满足，工人们进行深入斗争的动力随之被削弱；因此在这种情况下工人们往往会安于现状，减少罢工。据调

① 刘达永：《罗斯福新政时期的美国工人动态分析》，《四川师范大学学报》1988 年第 1 期。
② 《马克思恩格斯选集》第四卷，人民出版社，1995 年，第 25 页。

查 1931 年～1940 年，广大劳工基本上处于静态，参加罢工的人数逐年下降，参加罢工的人数占受雇人员比例不足 8%，约有 93.7%～98.3% 的工人未参加罢工。

另外，新政时期工会力量虽然有了较大规模的扩充，但是由于政府为工会提供了大量的方便；因此，工会在享受这些权利时也就不可避免地在一定程度上要服从于政府，实际上工会有意无意地成了半官方机关。过去劳资谈判主要是工会与雇主之间的私下协议，工会的组织、方法和管理一般都被看成私事，即使不是完全受政府干预，至少多半是不受政府干预。劳工立法实施后，其中不仅规定了资方必须遵守的条款，也对工会组织进行了约束；同时，由于联邦委员会等部门的成立，使工会如产联的谈判代表受其控制。因此大部分工会被纳入到了资本主义国家的法律体系内。这使工会不再如以前较自由地按自己的路线开展活动，且很容易使工会组织出现"右倾"色彩，事实上，日后美国工会的发展出现日益官僚化与保守化倾向是与这一点分不开的。正如美国著名史学家保罗·康金所评论的："有组织的劳工摆脱了早期的战斗性，像一只幸福而被保护的羔羊，最后在企业的雄狮身旁躺下。"①

---

① Paul Conkin, *The New Deal*. New York：Thomas Carlo, 1972, p. 103.

第 3 章　罗斯福时期社会保障制度初步确立

　　作为历史发展的必然产物，现代社会文明的安全阀——社会保障，美国在罗斯福时期才真正得以确立。在罗斯福之前，美国社会保障曾有过"政府不介入、工会不支持、人民不拥护"的悲惨时期。正当欧洲各国致力于发展和完善现代社会保障制度的时候，美国却仍陶醉于17世纪由英国颁布的《伊丽莎白济贫法》的沿用中。更有甚者，一些政治家企业家对社会保险制度大肆抨击，称社会保险制度打击了企业与个人的积极性与主动性，动摇了人们积极进取与自力更生的信心，养肥了懒汉，恶化了社会风气。1916年，美国劳联主席冈帕斯在年会上曾强烈谴责强制性的医疗保险和失业保险，反对政府介入社会保险①。但是，随着经济危机的不断出现，特别是1929年经济大危机对全球的冲击，使人们越来越认识到单纯靠自己的努力与奋斗并不能永久保障自身的生活，由政府介入的社会保险在某种程度上发挥着不可忽视的作用。1933年罗斯福竞选总统，成功入主白宫后，看到了政府干预的重要性，先后出台与实施了《紧急救济法》和《全国就业服务法》，在1935年又颁布了美国历史上第一部较为完整的社会保险法律《社会保险法》，并于1937年正式生效执行。至此，美国这块土地上才真正产生了现代社会保障制度，美国进入了现代社会保障的新时代。

---

① 邓大松：《美国社会保障制度研究》，武汉大学出版社，1999年，第8页。

3.1　从社会救济到现代社会保障制度的初步确立

3.1.1　美国早期的社会救济

同其他任何制度一样，美国的社会保障制度也经历了一个从无到有，从不健全到逐步趋于完善的发展过程。从早期效仿英国济贫法的社会救济，到工业化时期的社会福利，再到真正的社会保险法的出台，美国社会保障制度逐步走向完善。

1492 年哥伦布发现新大陆以来，就不断有移民涌来。最初，从欧洲来的移民大都依靠各种社会团体、亲戚和邻居的精神慰藉和救助来维持生活。但随着人口的逐步增长，原有的互帮互助的形式已经完全不能适应社会发展的需要，实施与设立一种长期稳定的救济穷人的政策和机构成为社会的普遍需要。由于新大陆移民大多来自欧洲特别是英国，因此效仿与实行英国的社会救济成为自然而然之举。英国的《伊丽莎白济贫法》规定，凡是老年人、残障人以及养育失去依靠的孤儿，都将得到照顾；但凡是身体健全的成年人必须工作，政府会为他们安排工资低微的劳动工作；任何社会人士不能给不去工作的人任何经济援助。1642 年美国普利茅茨殖民地采纳了这一条款后不久，弗吉尼亚、康涅狄格和马萨诸塞等殖民地也分别于 1646 年、1673 年和 1692年相继采纳了这一条款。

美国建国初期，资产阶级自由放任主义兴起。这种思潮认为社会不幸与穷困是不可避免的。造成贫穷的原因在于个人而不是社会，因为新社会给每个人都提供了成功的平等机会。因此当时的公共援助被严格限制在济贫院的县属机构里。

1856 年的美国内战引起了大量社会问题，比如失业、社会贫困等。这些问题并不能归咎于个人与家庭，仅仅靠私人援助也不能够解决；因此，战后美国出现了临时慈善行业的恢复与大量直接公共援助的出台。联邦政府这时也部分地加入了援助行列。1865 年，为了解决变为自由人的黑奴的生计问题，美国国会通过了建立自由民局的法令，这是美国国家历史上建立的第一个联邦福利机构。自由民局的最初职责是救济和监护黑人、难民并管理无主土地。1865～1869 年，美国共开设了 100 多所医院使 50 万病人就医，对贫困黑人和白人发放 2000 多万份口粮，并为黑人开办了 4000 多所学校①。自由民局的建立为美国社会保障制度的建立奠定了最初基础。

　　然而，美国内战结束不久，自由放任经济学再次兴起，社会达尔文主义成为社会的主流哲学。这种哲学认为，贫困是个人道义上的事，不应该实施救济特别是实施公共援助。经济与工业的发展不应该受到政府的任何限制，任何工人安全制度、公平交易、诚实竞争等商业条例都不需要。他们认为，只要能达到获利的目的，采取什么样的手段都是可以的。因此，商家与企业主更加不顾工人的安全，大肆剥削工人权益，给予工人最低微的工资。社会上流行的普遍观点认为，穷困的人除了懒惰与无知外，他们还不懂得理财、花费过量、好买彩票、嗜好赌博，因此不需要政府的救济。这一思潮的代表人物美国钢铁大王安德鲁·卡内基在 1889 年出版的《论财富》一书中就写道："社会为竞争法则也要付出重大代价。""对个人而言，这一法则也许是残酷的，但它对整个人类来说却是最好的，因为它保证了在所有领域中，唯有适者才能生存。这对于人类来说不仅是有益的，而且是必不可少的。""施舍从来不能改善个人或民族的处境。除了少数例外，那些值得帮助的人往往不主动求助于人，真正有价值的人除了在偶发事故的情况下，根本无须人帮助。"② 美国历史学家布尔斯廷对当时的情况进行评价时指出："在整个 19 世纪，慈善家们所致力的实际上是济贫，而不是帮人摆脱贫困。"

　　总体来看，当时美国社会保险的特点是保障覆盖面极其狭小、给付标准低，并且除了政府救济外大都带有惩罚性。例如，不管是私人的还是政府的济贫机构，一般都是把无依无靠的老年人、病残流浪者和少数无法生存的穷

---

① 牛文光：《美国社会保障制度的发展》，中国劳动社会保障出版社，2004 年，第 22 页。
② 黄安年：《当代美国的社会保障政策》，中国社会科学出版社，1998 年，第 8 页。

人作为救济的对象，而其他绝大多数的低收入者则不列入他们的保障范围之内。与此同时，享受救济者将付出一定代价，比如，丧失个人财产权、选举权和人格。19 世纪初，在一些大城市里，接受救济者要丧失尊严地在身上挂上乞丐袋，在肩上印上 P 字，以表明他们的身份。而另外一些州，接受救济者则会被强制性地约束在一定地点进行无偿性劳动，在劳动中他们会经常受到毒打和恶骂，或者被处以一定严厉的惩罚，如果逃跑就被投入监狱。其次是有关退休与养老保险方面的计划与立法极其有限，且发展缓慢。一直到 19 世纪后半期，联邦政府才出台了有关消防队员、警察、中小学教师、陆军军人和水兵的退休计划，而有关联邦公务员的退休服务方案则在 1920 年才建立。

3.1.2　进步主义运动对社会保障的呼唤

从 1865 年美国南北战争结束后到第一次世界大战，美国经济得到了迅猛发展，逐渐跨入到了工业时代。1859 年美国各行业新增产值 25.7 亿美元（按当时价格计算），其中农业 15 亿、矿业 0.3 亿、建筑业 2.3 亿、制造业 6.2亿；1889 年，各生产部门新增产值 78.7 亿美元，其中农业 27.7 亿、矿业 2.8亿、建筑业 11 亿、制造业 37.3 亿[①]。随着工业的影响日益渗入到国民生活中的各个角落，工业逐渐成为国民经济的主导力量。农业所生产的产品大多为原料或半成品，粮食需要经过工业部门加工而制成食品。农业部门的状况每况愈下：农产品价格下跌，再生产资金运转困难，许多农民处境困难，大多数人不愿再投资农场，抵押农场的数目不断增加。农业日益处于起伏不定的波折之中。与此相反，制造业发展迅速，逐渐代替农业走上了迅猛发展道路。1860 年到 1900 年间，美国制造业产品价值由 19 亿美元增至 114 亿美元，与制造业息息相关的铁路业、钢铁业、煤矿业也得到了快速发展，铁路里程在此期间由 30000 英里增至 250000 英里，煤产量由 1000 万吨增至 2.12 亿吨，

---

① Douglas · Nohn, *Growth and Welfare in the American Past: a New Economic History*. New Jersey: Prentice – Hall, 1983, p. 27.

钢铁生产量则从不足 100 万吨增至 1100 万吨①。1900 年美国国民财富总数估计为 1877 亿美元，人均收入 1965 美元。到第一次世界大战前，美国的钢、铁、煤产量分别接近英、德、法三国产量的总和。工业的壮大，不仅改变了美国经济结构，也使美国社会结构逐步发生了改变。

首先，工厂生产日趋集中，工厂规模不断扩大。国民生产总值和人均收入的迅速增加，为私人扩大投资提供了条件，使扩建工厂、添置设备和利用先进技术成为可能。以钢铁公司为例，1870 年美国钢铁公司雇佣的劳工一般在 100 人左右，30 后，钢铁公司的平均雇佣数量已达到 1870 年的 3 倍左右。从表 3 中可以看出，到 1900 年，有 1063 家以上的美国工厂的雇工数量在 500 人到 1000 人之间，有 450 家劳工数量在 1000 人以上，其中有 39 家工厂雇工达 2000～3000 人，3000～4000 人的工厂有 9 家，4000～6000 人的工厂有 8 家，6000～8000 人的工厂有 11 家，8000～10000 人的工厂也不鲜见，如卡内基钢铁厂、鲍德温机车厂等②。

其次，工业的发展也带动了城市化的发展。企业规模的扩大、地点的集中，使越来越多的工厂工人集中于一地，这进一步带动了住宅、饮食、服装、商业、交通等其他行业的发展。现代化的城市随着工业的发展平地而起。1860 年，居住在城镇的居民在美国总人口中还不到 21%，1900 年这个数字就增长到 29.9%。1920 年全国普查时，总人口的 51.4% 已成为城市居民。

最后，社会贫困化问题随着工业化与城市化的发展而逐渐加重。在工业化的带动下美国国民财富迅猛增加，1900 年美国国民财富为 879 亿美元，短短两年后，美国财富就增加了一倍，1912 年美国国民财富上升到 1654 亿美元，一跃成为资本主义世界的首富之国。但财富的增多并没有缓解社会贫困问题，相反社会贫富两极分化问题日益严重。

---

① 李剑鸣：《大转折的年代——美国进步主义运动研究》，天津教育出版社，1992 年，第13 页。

② Daniel Nelson, *Managers and Workers: The Origin of the New U. S. Factory System.* Wisconsin University Press, 1975, p. 4.

表3   美国制造业工厂平均雇佣人数（单位：人）

年份 行业	1870 年	1900 年
棉制品业	142	287
毛绒制品业	127	306
钢铁业	103	333
玻璃业	79	149
丝织品业	77	135
制袜业	60	91
制鞋业	57（1880）	89
地毯业	56	214
木器业	28	69
造纸业	27	65
造船业	14	42
农业设备	12	65
酿酒业	6	26

（转引自：李剑鸣《大转折的年代——美国进步主义运动研究》，天津教育出版社，1992 年，第 17 页。）

　　贫富两极分化现象在 19 世纪达到了登峰造极的程度。据美国国情普查局统计员 1893 年披露的材料显示，估计当时 9% 的家庭占有全国财富的 71%；比如工商业巨头卡内基、洛克菲勒、范德比尔特、摩根等亿万富翁，是占美国家庭总数 1% 的最高阶层，1913 年这些人的收入竟占到全国总收入的 15% 左右。这些富豪之家穷奢极欲，尽情挥霍，比阔气，赛排场。据记载，威廉·K. 范德比尔特在长岛有一所公馆，内有 110 个房间、45 个浴盆和一个能容纳 100 辆小汽车的大车库。J. P. 摩根在纽约市有一个公馆，在纽约州北部地区有一幢住宅，在佛罗里达州有一座别墅，在伦敦有一所府邸，在苏格兰有一所城堡，还有一艘 300 英尺长的大游艇，而且收藏了许多艺术珍品[1]。

　　与此形成鲜明反差的是住在贫民区的居民。美国千百万工人和农民每年

---

① 韩启明：《建设美国——美国工业革命时期经济社会变迁及其启示》，中国经济出版社，2005 年，第 96 页。

收入只有几百美元。据 1910 年调查，波士顿不熟练工人每周只挣 9 ～ 12 美元，而且 1 年内有许多天失业在家。据统计，城市职工的年平均工资，1890年约为 555 美元，到 1900 年增至 650 美元。按后来的研究表明，一个城市五口之家要维持基本的生活衣食，每年至少需要 800 美元。按此推算，当时美国的赤贫者（依靠公共救济和私人慈善维持生活的人）在 3 000 000 人左右，而据另外一位经济学家统计，1904 年全国至少有 4 000 000 人依靠贫困救济生活。据纽约州的一位官员提供的材料显示，1897 年和 1809 年该州申请救济的人分别占全州人口的 29% 和 24%。波士顿市的官方统计表明，1903 年该市接受公共机关救济的 136 000 人，约占全市人口的 20%；另外，该市接受其他形式救济的还有 336 000 人①。

　　工厂规模的扩大、城市化的发展加快了美国由农业社会向工业社会的转变。大批劳动力由农业部门涌入工业部门，工业部门中的劳动者人数从 1869年～ 1899 年的短短三十年间增加了一倍多。但是，工厂设施改进的速度却远远不能够赶上工人人数增加的速度。许多工厂安全设施落后，环境恶劣，空气污染极其严重，卫生条件也极其恶劣。大部分工厂通风差、缺乏洗浴设施，为了节省空间与时间，还有一些工厂把厕所直接设在工厂车间内，气味难闻。据 1912 年对 153 家铸铁厂的调查发现，其中 39% 的工厂通风不好，32% 照明不充分，43% 缺乏取暖设备，73% 没有充足的洗浴设施。另外，由于缺乏必要的劳动保护和安全条件，其结果是职业病流行、工伤事故频繁，其中以铁路运输业和钢铁业情况最为严重。1901 年每 399 个铁路雇员中就有 1 个因工丧命，每 26 个人中就有 1 个因工受伤。不少雇主不仅忽视改善生产安全条件，而且拒绝对事故承担责任和提供补偿。有的厂方将事故责任完全推诿于工人，如匹兹堡的一位工厂经理就说过："我们 95% 的事故都是由那些受伤者的粗心大意造成的。"② 这一时期的大部分体力劳动者的工作与生活条件不仅

---

① 牛文光：《美国社会保障制度的发展》，中国劳动社会保障出版社，2004 年，第 28 页。
② 李剑鸣：《大转折的年代——美国进步主义运动研究》，天津教育出版社，1992 年，第31 - 32 页。

艰难恶劣而且无任何保障。雇员们厌倦了在如此悲惨的生活工作环境中日复一日地进行相同的操作,往往以各种方式如怠工、破坏机器等表达他们的不满:企业内部的劳资矛盾逐渐加深。

与此同时,19 世纪后 30 年中不断袭来的经济危机与持续的经济衰退导致供需失衡、生产下降,大量工人失业,社会矛盾、劳资对立日益严重。雇主面对愈演愈烈的经济危机,他们力图把危机的全部损失都转嫁到工人身上;其通过解雇大量工人和大幅度削减工资的手段来维持企业利润,结果导致劳资关系更加恶化。1873 年 9 月美国爆发了一次严重的经济危机,其规模和程度都是空前的。到 1873 年底,仅纽约市就有失业工人 43 651 人,约占劳动力总数的 1/4。到 1878 年,全国有 47 000 个工厂倒闭,损失超过 10 亿美元,失业工人达 300 万人。在整个工人劳动力大军中,有 2/5 的人处于半失业状态,只有六七个月的工作,全年有工作的人只占 1/5。在岗工人的工资也被一缩再缩。据调查,这一时期纺织工人的工资下降了 45%,铁路工人的工资下降了 30%~40%,家具工人的工资则下降了 40%~60%。1878 年,长期萧条刚刚过去,1883 年,新的经济危机又再次袭来,失业工人人数不断增加。以纺织业为例,新英格兰地区的一位棉纺工厂老板说:"我每天早晨都得在工厂里拒绝那些宁愿每天只挣 1 美元的男人……和每天只挣 50 美分的妇女到工厂里工作的请求……这足以证明……有一大批渴望在当前普遍采用的低工资条件下寻找工作而又不能得到工作的人。"[1] 在这种情况下,工人们的生活更加恶化。纽约街头出现了九万名无家可归失业工人。一些工人甚至为了填饱肚子在垃圾堆中寻找食物。巴尔的摩俄亥俄铁路的一位工人写信向他的朋友诉说:"晚上,我们待在被煤烟熏黑的车厢里,吃的是面包和两天前的臭肉,当我们回到家里,看到我们的孩子在啃骨头,我们的妻子抱怨说,她们连做饭的玉米片和糖浆都买不起。"[2]

如此恶劣的生存生活条件,使社会上要求改革的呼声不断增多,一些有

---

[1] 张友伦、陆镜生编:《美国工人运动史》,天津人民出版社,1993 年,第 326 页。

[2] Philip S. Foner, *The Great Labor Uprising of 1877.* New York: Monad Press, 1977, p. 14.

识之士也纷纷行动起来要求政府进行改革。在这种社会潮流下，以西奥多·罗斯福总统为代表的美国统治阶级，在美国全国范围内掀起了一场革除社会弊端、改善中下层人民群众生活条件的进步主义运动。在这场运动中，要求实施老年保障、失业保障以及工伤保障的社会救济立法的呼声最为高涨。州政府和联邦政府都对这些问题表示出了极大关注，通过了一些社会立法，以解决社会贫困问题、缓解社会矛盾、保护劳动力、维护社会经济的发展。

　　这一时期实施社会保障政策的先行者是各市和州。有关工伤补偿立法，1902 年，马里兰州通过了美国第一个有关雇员的工伤补偿法。虽然它在 1904 年被宣布违宪，但到 1907 ～ 1919 年已先后有 39 个州颁布了类似的立法。关于老年人养老金，1915 年阿拉斯加州首先提出了老年雇员退休金法，1923 年蒙大拿州、内华达州和宾夕法尼亚州都先后颁布了老年雇员退休金法案，到 1933 年时已经有 28 个州通过了类似的立法。关于残疾人救济法，1908 年犹他州提出要给盲人提供救济措施的法案，到 1933 年全国增加到 26 个州。关于给儿童的救济，1908 年俄克拉荷马州给无依无靠的学龄儿童以救济，1911年出现了全国范围的呼吁援助无依无靠儿童的运动。而有关童工问题，1912年国会建议设立儿童局，1916 年威尔逊政府批准了《基廷－欧文法案》，把雇佣 14 岁以下的儿童做工的工厂产品或雇佣 14 ～ 16 岁儿童做雇工的工厂产品（超过 8 小时）都排除在州际商务之外，并禁止矿山雇佣 16 岁以下的儿童做工。1919 年国会通过法令，对童工产品课以重税。这一年，威尔逊总统还召开了关于保护儿童的专门会议。到了 1924 年，国会的修正案提出："限制、管理和禁止 18 岁以下的人参加劳动的权利。"[①] 但是到了 1929 年全国只有 24 个州批准，未在全国通过。关于妇女保障方面的立法，1911 年在密苏里和伊利诺伊州通过了最早一批抚恤金法令。关于发给母亲的津贴，1911 年一些州建立了母亲津贴制度，到 1930 年除 4 个州外都制定了给母亲以某种形式的援助的法律。而关于女工问题，1908 年俄勒冈州通过了女工日工时不超过 10 小

---

① 黄安年：《当代美国的社会保障政策》，中国社会科学出版社，1998 年，第 79 页。

时的法令，到了 1930 年除了 4 个州外都实施了对女工工时进行限制的法令[1]。

总之，19 世纪末 20 世纪初美国社会保障制度的发展较为缓慢，但意义十分重大。这些立法与福利救济措施确立了政府对贫穷者、妇女、儿童、老年人和失业工人以救济和援助的责任。对贫穷者的帮助不再是私人机构和慈善机构团体的事情，而成为国家的职责之一；它不再纯粹是一种救济，而是以社会保障的形式出现。这一转变，到新政时期得以完成。"从 1900 年到第一次世界大战期间，建立了大量旨在全国范围内解决国家福利问题的立法——包括童工、精神卫生、公共保健、保护儿童、劳工立法。新政时期加强了早就开始的事业，并产生了一项新计划，从而出现了伟大的 1935 年的社会保障法。"[2]

3.1.3 经济危机与 1935 年《社会保障法》的制定

3.1.3.1 经济危机再次袭来

资本主义进入到垄断阶段后，经济危机就像永远挥之不去的阴霾一样，始终伴随着它的发展而不时出现。美国在经过了 20 世纪 20 年代的繁荣时期后，再次陷入了经济危机之中。1929 年的经济危机来得异常迅猛，突然间就探出了强有力的黑掌，毫不留情地劫掠着人们的财富。自 1929 年 10 月 24 日后，美国 5000 多亿美元的资产就化为了乌有。股市的崩溃很快导了经济大萧条的产生，美国经济从此陷在经济危机的泥淖中不能自拔。86 000 家企业破产，5500 家银行倒闭，金融业几乎陷入窒息状态；国民生产总值由危机爆发前的 1044 亿美元急降至 1933 年的 742 亿美元，人均实际收入从 1929 年的681 美元狂跌至 1933 年的 495 美元。失业人数猛增到 1700 万以上，占整个劳动大军的 1/4 还多；有 3400 万人没有任何收入[3]。很多工商企业拒绝执行政府要它们维持工资水平的恳求，不少企业因为找工作的人太多而把在职员工

---

[1] Matthew A. Kelly, *Labor and Industrial Relations*. London：The Johns Hopkins University Press, 1987, pp. 131 – 147.

[2] Max Lerner, *America as a Civilization*, vol. 1. New Nork：Simon and Schuster, 1966, p. 130.

[3] 彭鑫：《谁拯救了美国——大萧条中的罗斯福》，中国华侨出版社，2009 年，第 21 页。

的工资一缩再缩，降低到了每周 5 ～ 10 美元。据报道，在林恩和洛维尔这类新英格兰工业城镇里，只有 1/3 的工人还有工作，且忍受着农奴般的待遇。芝加哥市多半女工每小时的工资甚至不到 0.25 元，其中 1/4 的人还不到 0.10 元。1932 年，伐木工人每小时的工资减少到了 0.10 元，一般承包工程业是 0.075 元，砖瓦制造业是 0.06 元，锯木厂是 0.05 元。在经济危机来临之前，马萨诸塞州各纺织工厂很少要求熟练工人在一天 8 小时内看管 20 台织布机，可是采用了加快制和提高劳动强度制之后，很多女工、童工要从黎明到黄昏不停地看管 30 台织布机。在血汗工厂里，15 岁左右的童工每周只挣 2.78 元，女工每周工作 50 小时只挣 2.39 元。制帽工人钩一打帽子，只能得到工资 0.40 元，一星期只能织两打；做围裙的女工做一条挣 0.025 元，一天只能挣 0.20 元。给拖鞋加衬里的女工，搞了 72 双拖鞋才挣到了 0.21 元；如果每 45 秒钟能加工一只拖鞋，每天工作 9 小时，拿回家里的也只有 1.05 元。

　　失业的人如此之多，在业人的工资又不断下降，美国工人缺衣少食的状况令人汗颜。大批无家可归的人在饭店附近来回踱蹰，把垃圾箱的盖子掀开找腐烂的食物[1]。宾夕法尼亚州的矿工吃野草根和蒲公英，肯塔基州矿工则以紫罗兰叶、野葱、勿忘我草、野莴苣等果腹。1932 年底宾夕法尼亚针织工人工会宣称"该州有数以千计的家庭处于饿死的边缘"[2]。广大工人不仅食不果腹，而且居无定所。由于交不起房租，纽约大街小巷都有踱蹰在街头的人家。随着经济状况的不断恶化，交不起房租的工人也越来越多，虽然不少失业者允许缓交房租，但是他们的居住条件极差，房屋常年失修，设备落后。正如美国工人史学家欧文·伯恩斯坦所说："在 1931 年秋至 1933 年春之间，压在工人身上的经济社会负担，在美国历史上是无与伦比的。"

　　年轻人生活尚且如此，老年人的生活在经济危机期间更是处于孤苦无依的境地。这一时期美国老年人数不断增多，1930 年时老年人口数已经增加到 6 639 000，占人口总数比已经从 1920 年的 4.7% 上升到 5.4%。但是随着资本

---

① 威廉·曼彻斯特：《光荣与梦想》，商务印书馆，1978 年，第 56 - 57 页。
② 刘绪贻、杨生茂：《富兰克林·D. 罗斯福时代 1929—1945》，人民出版社，2002 年，第 32 页。

主义社会机械化工业的大发展，生产速度要求越来越快，老年人受雇的机会逐渐减少。随着经济危机的发生，无工作、无收入的老年人也越来越多。传统赡养老人的方法，如由子女或养老院赡养，已经不能解决问题。少数大公司实施的老年工人津贴计划，也常因受经济危机的影响而经费不足，计划往往遭到搁置。在经济危机期间，老年人的生活比起青年人来说更加困苦，更加无保障。建立新的赡养老人计划已迫在眉睫。

面对这样前所未有的经济危机与严重的失业等社会问题，胡佛政府并没有采取积极的干预措施，而是仍然死死坚持传统的自由放任原则来对付大萧条。大危机使成千上万的美国人陷于贫苦无助的境地，失业者、老年人、伤残者、无依无靠的孤儿不断增多，社会不安定因素也随之增加，如何安置与救济他们成为当时社会最急需解决的问题。但胡佛对此表现得不屑一顾，他拒不承认社会问题已变得很糟，他深信经济状况不久就会转好、繁荣即将来临。他甚至对记者们说："并没有谁真正挨饿，拿那些流浪汉来说，他们吃得就比过去什么时候都好。纽约有一个流浪汉，一天吃了 10 顿饭。"同时他告诫人们："国家的经济具有坚固牢靠的、繁荣兴旺的根基。""我们已经渡过最痛苦的时期。""危机将在一周之内过去。"由于持有这种盲目乐观的心理以及对美国自救传统思想的坚信，胡佛总统拒绝由政府来实施公共援助。他认为救济应主要由地方政府、社区、私人慈善团体来进行，联邦政府应该少管闲事。他坚持说，各城市依靠各个私人慈善机构的赞助，就完全可以照顾困苦的人。救济的重点应该放在那些处于困境中的大工业资产者、金融家和大农场主，并主张缩小和限制救济的规模。由于持强化干预有害论，胡佛政府虽然在各方面的压力下在 1930 年秋建立了总统就业紧急委员会，1931 年又建立了总统失业救济组织，但是救济效果并不明显。不久，胡佛就又重弹自由放任主义、地方责任、互助等老调。1932 年 12 月 6 日，胡佛在第四个国情咨文中说道："我国今后 100 年往哪里走，关键在于恪守美国传统，而不是乱搞什么新花样。"1932 年胡佛在一次竞选演说时提出："我现在提出，要进行变革和实行所谓的新政，那将会摧毁美国制度的基础。"

联邦制度在这时充分显示出来了优越性，尽管总统极力反对救济行动，但各州可以自己行动。时任纽约州州长的罗斯福开试验之先河，他声称："除非我读解了情势，否则这个国家就需要大胆的持续的试验。""采取措施并加以试行是已为人所共知的常识。如果试验失败了就另试他法。但最重要的是，要试验。"1931 年 8 月，他召集了一次讨论救济问题的特别立法会议，要求立法人员将失业问题放在重要的位置上考虑，他要求立法者拨款，帮助地方政府解决失业人员的生活需求问题。罗斯福指出："政府必须竭尽全力救助失业人员，此举不是慈善行为，而是社会的责任。"①

几经周折之后，特别立法会议最终批准了《纽约州失业救济法案》，通称《威克斯法案》（The Wicks Act），纽约州成为当时美国全国第一个提供失业救济的州。1931 年 9 月 23 日在"临时紧急救助署"的直接运作下，《威克斯法案》按照匹配原则，为失业者提供了数百万美元的救济。《威克斯法案》的通过与实施，开创了美国政府实施失业救济的先河，它开始把失业问题看作是全州性的社会问题，为民间慈善组织和公共救济项目之间搭起了联系桥梁，使救济工作绩效显著。到 1931 年底，全美已经有 24 个州仿照纽约制定了失业救济法，并建立起新的掌管资金的独立性机构；这为以后联邦救助法案，特别是社会保障法的出台提供了经验与模式。但是《威克斯法案》只是一项临时性的法案，仿效纽约的各州也只是单枪匹马的行动，联邦政府并没有因此做出任何积极反应，这使得这项法案仅仅限于某个局域范围；因此无论是从实施范围还是实施的影响效果方面，都是十分有限的。到 1933 年，美国全国上下都已陷入危机的最深渊，大量贫困潦倒、挣扎在饥饿与死亡边缘上的人们开始对政府这种熟视无睹、无动于衷的做法表现出越来越多的不满，敌对情绪不断上升，全国面临着骚乱、暴动甚至革命的危险与威胁。历史总是充满巧合，就在此时罗斯福竞选总统成功，1933 年作为第 32 届总统宣誓就职。

罗斯福上台后，沿用在纽约州的做法，坚信社会对所有人的福利状况都有不可推卸的责任，民主国家的存在应以公民的健康与福利为基础。在这种

---

① 杨冠琼：《当代美国社会保障制度》，法律出版社，2001 年，第 40 页。

信念的支持下，罗斯福政府迅速实施了一系列救济政策，先后颁布了《联邦紧急救济法》《全国工业复兴法》等法律，迅速缓解了社会大萧条的状况。

3.1.3.2 争取社会福利改革运动

新政初期的改革措施虽使美国社会渡过了大萧条的最危险阶段，但并没有使美国经济完全复兴。到 1935 年，美国人均可支配收入为 459 美元，但仍远远低于经济危机前的 1929 年的 683 美元这一水平，社会上仍有 1300 多万人失业[1]。第一次新政期间的措施并没有完全解决失业者、老年人的贫困问题，随着第一次新政势头的减弱，不满的呼声越来越高，在一些激进分子的鼓动下，很快美国就掀起了要求进行社会福利改革的浩大运动。在这些运动中为老年人争取福利的汤森运动和倡导实施共享财富计划的休伊·朗运动影响最大。

汤森运动是由一位来自加利福尼亚州的医生弗朗西斯·E. 汤森发起和领导的，这项运动虽然最终以失败而告终，但在推动老年养老金方面发挥了突出作用。汤森曾是一位公共卫生官员，67 岁时失去职务失业，当时手中只有不到 100 美元的积蓄，谋生相当困难。美国这一时期，像汤森这样贫困无助的老年人很多。工业化的发展要求有活力和竞争力的年轻人加入生产队伍，老年人在工业化经济中越来越处于不利地位，逐渐被生产淘汰。大萧条期间，当各行各业都受到失业打击的时候，老年人遭受的打击更为深重：1930 年时65 岁以上的老年人已有 54% 失业，股市的崩溃使许多老年工人大半辈子的积蓄化为乌有；同时由于大部分企业经营困难，一些企业也停止了原本提供的养老金。亲眼目睹其他老年人的悲惨处境与亲身地体验困苦生活后，汤森于1933 年提出了一项为老年人提供津贴的计划，史称"汤森计划"。这项计划建议联邦政府征收 2% 的营业税，每月付给所有 60 岁以上失业者 150 美元（后改为 200 美元）津贴，并要求将该款于当月在国内花光。汤森及其支持者认为这个计划不仅有助于帮助贫困无助的老年人，还有利于缓解失业现象。一方面，实施这项计划可以让更多的青年人就业；另一方面，该计划要求补助金需迅速花掉，因此，可以增加购买力，刺激对商品和劳务的需要，缓解

---

[1] 威廉·福斯特：《美国共产党史》，世界知识出版社，1957 年，第 321 页。

生产过剩危机。这个计划提出不久，即有人指出汤森计划是以虚妄的假定为根据的。其充其量就是从年轻人身上拿钱给老年人，来重新分配购买力。它要求将全国全年国民总收入的一半以上付给约占人口总数 9% 的老人，因此很难赋予实施。但是，这个计划很快得到了全国贫苦老年人的支持，一些希望摆脱养老责任的年轻人也赞同该计划。1934 年 1 月，汤森和房地产推销商罗伯特·克莱门茨成立了老年周转补助金有限公司，3 月又开始在各地组织地方俱乐部。1935 年 1 月出版《全国汤森周刊》，汤森自称有信徒 500 万，另据某些估计，签名请愿支持这个计划的多达 2500 万人，比较保守的估计也有 1000 万人，同时约有 1200 个地方机构处理各地来信①。

汤森计划发动了美国政治生活中的一股新力量——老年人。由于家庭结构的变迁，很多老年人觉得不再有人需要他们。由于受到萧条的打击，他们感觉自己往往是子女的负担，于是更多地支持汤森计划。1935 年，这个运动已经成为一支十分强大的政治力量，它把照顾老年人的问题带入到了美国政治生活领域。1936 年的一项民意调查显示，56% 的美国人表示对汤森计划满意。当时的观察家和后来的历史学家都确信汤森计划最终对罗斯福的福利法案的出台产生了积极的推动作用②。

这一时期，除了汤森运动对福利法案的出台产生了推动作用外，休伊·朗共享福利计划也对这一法案的出台产生了影响。社会保障委员会的弗兰克·贝恩在 30 年后回忆道："我们有两个大的联盟帮助我们通过了社会保障法。我认为，他们比我们在国会中的任何一个人都重要。这两个人一个是汤森医生，另一个是休伊·朗。"③ 1893 年休伊·朗出生于路易斯安那州北部贫穷地区，21 岁执律师执业，35 岁当选为路易斯安那州州长，他一上任就迅速兑现他竞选时的诺言：打破大公司势力，取消人头税，开征营业税，免贫民

---

① 拉尔夫·德·贝茨：《1933—1973 年美国史》（中译本），上卷，第 102 页。

② Linda Gordon, *Pitied but Not Entitled : Single Mothers and the History of Welfare , 1890 — 1935* . New York：Free Press，1994，p. 229.

③ Linda Gordon, *Pitied but Not Entitled : Single Mothers and the History of Welfare , 1890 — 1935.* New York：Free Press，1994，pp. 228 – 229.

的普通财产税；债务人可以按政府规定延期还债；给学生发免费教科书，并由学校派车接送学生，还对成年人积极开展扫盲运动；在 3 年之内，为本州修筑柏油路 2500 英里、碎石路 6000 英里，桥梁 12 座。同时，他还是南方唯一平等对待黑人的州长。1930 年朗当选为国会参议员，逐渐成为全国性人物。1932 年时他曾经支持罗斯福的政策，但后来不赞成罗斯福政府将银行归还原主，认为建立国家复兴管理局是向华尔街公开卖身，他认为美国一切社会经济不幸的原因是财富分配不均。因此，他在 1932 年提出了共享财富的决议，后来又在 1934 年建立了共同财富社，提出共享财富计划。这一计划影响不断扩大，到 1935 年，财富社的社员已达到 700 万。这项计划主张取消超出一定数额的所有个人财产，并给每个家庭以购买一所住宅、一辆汽车和一台收音机的钱，政府每月为年龄在 60 岁以上、每月收入不足 1000 美元或财产不足 1 万美元的老年人提供 30 美元的养老金；确保每一个有能力的儿童和青年人能够接受大学教育和职业培训，而不在于父母是否能够支付得起费用；发放退伍军人补偿金、订出最低工资标准等等[1]。朗设想实现这项计划所需的资金主要是通过向富人征税的方式来获得。朗提出："要对个人拥有的第二个 100 万美元征收 1% 的税，对第三个 100 万美元将征收 2% 的税，对第四个 100 万美元征收 3% 的税，对资产达 1000 万美元的人征收 100% 的税。""所有这些计划都能轻松实现，只要我们决定向富人大声说'没有谁应该太富有'。"[2] 朗的言论与计划在经济危机期间有着巨大的吸引力。到 1935 年 2 月，朗声称已经有 27 000 多个分会，他的属员说有 750 多万人的通讯名单。据说，朗所收到的来自全国各地的信件远远多于其他所有参议员信件的总和，有两辆车向参议院送信，一辆是给朗，一辆是给其他人的[3]。朗提出的财富共享计划实质上是下层阶级抗议第一次新政妥协的一个主要表现，它在全国范围的影响不

---

① Huey Long，"Carry Out the Command of the Lord"，The Congressional Record – Huey Long's Senate Speeches < http：// www. ssa. gov/history/longsen. html >.

② Huey Long，"Carry Out the Command of the Lord"，The Congressional Record – Huey Long's Senate Speeches < http：// www. ssa. gov/history/longsen. html >.

③ 李月娥：《从企业福利资本主义走向公私混合型的社会保障制度》，南开大学博士论文，第 167 页。

断扩大，对罗斯福竞选下届总统产生了巨大威胁，促使罗斯福不得不重新审视新政，考虑实施第二次新政。

除了汤森运动和朗的财富共享计划外，这一时期其他一些组织与相关人士也纷纷提出要建立福利国家，提议应为所有的老年人提供充裕的津贴、应提高失业补偿金至地方平均工资水平等。这些组织的影响虽然远远比不上汤森运动和财富共享计划；但是，他们或者通过院外活动对当政者形成了政治压力，或者以示威的方式使社会保障法成为恢复秩序的一种努力，或者改变了公共舆论对政府责任的态度，从而使本来不可能的事情成为可能。所以，有学者指出，"不仔细考察这种大众的活动，就无法理解我们的福利国家，特别是社会保障法。"①

在各种社会运动形成的政治压力和大萧条造成的经济压力下，罗斯福逐渐意识到"他正在和共产主义、休伊·朗主义、汤森主义抗争，要挽救资本主义制度，必须实施改革，较公平地分配财富"。于是，罗斯福要求劳工部长弗兰西斯·帕金斯负责设计老年人保险计划，并告之"我们不得不实施计划，如果没有一个名副其实的老年保险制度，国会将难以抵制来自汤森计划的压力"。1934 年 6 月 8 日，罗斯福在给国会的国情咨文中表示："早些时候，保障是通过家庭成员之间相互依赖以及同一小型社区各家庭之间相互依赖而取得的，然而大型社区以及有组织产业的复杂性使这种简单的保障手段渐渐变得不适用。因此我们不得不通过政府来体现国家作为一个整体所具有的主要利益，以此推动建立更加完善的保障体系，为体系内部所有人服务……这种谋求福利和幸福的努力加强，并不意味着价值观有所改变。实际上这反而是对在我们的经济发展和扩张过程中失落的价值观的一种回归。""希望政府有可能，作为一项长期的明确政策，每年拨出一笔巨额专款，以便每年的工作不是出于临时的权宜之计，而是本着经过深思熟虑的全面目标……通过社会

---

① Linda Gordon, *Pitied but Not Entitled : Single Mothers and the History of Welfare , 1890 — 1935* . New York：Free Press，1994，p. 211.

保障来从事对我国公民及其家庭实行进一步保障。"① 6 月 29 日，罗斯福任命了由劳工部长弗朗西斯·帕金斯为主席的内阁级经济保障委员会，该委员会成员由财政部部长、农业部部长、司法部部长和联邦紧急救济署署长担任，并吸收通用电气公司总裁吉拉尔法·斯沃普和美孚石油公司的沃尔特·梯格尔等资方代表参加，负责研究经济和社会保障的全部问题并为此制定一个立法的纲领。随后，总统还任命了一个经济保障委员会下属的咨询委员会，由了解情况、热心公务的普通公民、劳动者、雇主和公共团体的代表组成。

经过一番紧张工作之后，1935 年 1 月 15 日，经济保障协调委员会向罗斯福总统提出了经济保障议案的报告。该报告建议："1. 对受保人及其家属提供适当的保健和医疗服务；2. 发展一项制度，使人们可据以把工资损失和医疗费用编入预算；3. 保证给医务工作者和医疗机构以合理适当的报酬；4. 在专家主持下给予新的奖励来提高医疗质量。"② 这项法案在众议院讨论时遭到了种种反对，保守派人士指责社会保障观念破坏了美国传统的自助，自制和个人负责的设想。新泽西州的参议员 A. 哈里·穆尔抗议说："社会保障将使生活失去一切进取精神。我们还不如从托儿所领一个孩子来，给他一个保姆，使他得不到生活所提供的各种经验。"还有一回，弗朗西斯·帕金斯在国会一个委员会里为这个法案做证，有个女人喊道："主席先生，这个法案是从《共产党宣言》第 18 页逐字逐句抄来的，我这里有原书。"经过一番曲折，4 月众议院以 371 票对 33 票通过了《社会保障法案》。6 月，参议员以 77 票对 6 票通过了《社会保障法》③。1935 年 8 月 14 日，罗斯福签署生效，至此《社会保障法》正式颁布。

1935 年的《社会保障法》规定："本法案旨在增进公共福利，通过建立一个联邦的老年救济金制度，是一些得以为老人、盲人、受抚养的残疾儿童提供更为可靠的生活保障，为妇幼保健、公共卫生和失业补助法的实行作出

---

① ［美］罗斯福：《罗斯福选集》，关在汉编译，商务出版社，1982 年，第 67 页。
② Linda Gordon, *Pitied but Not Entitled : Single Mothers and the History of Welfare , 1890 — 1935.* New York：Free Press，1994，p. 213.
③ 陈蒙蒙：《美国社会保障制度研究》，江苏出版社，2008 年，第 88 页。

妥善的安排。"法案共十章，前五章分别规定授予各州的老年补助金、联邦的老年救济金，授予各州实施失业补助的补助金，授予各州救济受抚养的儿童补助金和授予各州的妇幼福利补助费；第十章规定授予各州救济盲人的补助金；第六章规定公共卫生工作；第七章规定成立社会保障署；第八、九章分别规定就业税和雇主应付之税款。法案最重要的是规定了老年人保障、失业保障和未成年儿童的保障。

《社会保险法》是美国第一部全国性的由联邦政府承担义务以解决失业问题的立法，与前期立法相比，它所要保障的对象已从特定的职业劳动者如矿工、铁路工人逐步扩大到了其他受雇者。它在一定程度上解决了公民的生存权问题，缓和了社会矛盾，起到了所谓安全阀的作用，保障了社会劳动生产力的恢复；为经济的再发展提供了持久的后备军。同时，它的失业保险有利于刺激危机中的消费、增加社会有效需求，从而能够遏制经济的衰退。养老保险可以稳定民心，解除广大工人日后生存问题的后顾之忧，益于增加人们对社会与政府的信心和支持。《社会保险法》不仅对罗斯福时期产生了积极影响，而且对日后社会保障法的发展也产生了深远影响、为美国建立福利国家奠定了基础，同时也为世界提供了借鉴。

3.2　工人失业保险与养老保险

在罗斯福新政之前，美国基本上没有系统的社会保障法，20 世纪初的经济大危机使失业人数剧增，如何长久地解决失业问题，救济、减少和预防未来失业成了罗斯福所思考的问题。1935 年前后，经国会审议通过的《社会保险法》《铁路员工退休法》等一系列法律共同构成了美国社会保障体系。失业保险、养老保险是美国新政时期社会保障制度中最为重要的内容，也是和劳工联系最为密切的法律。这一时代的失业保险立法与养老金立法涉及内容已相当全面，基本上具有了现代美国失业保险与养老保险制度的框架；其既发展了前罗斯福时代有关失业与养老问题的劳工立法，又为以后失业与养老保险立法的制定与修改提供了参照。

3.2.1 稳定就业: 设立失业保险金

失业问题在资本主义国家由来已久, 产生的原因也多种多样, 如资本主义经济周期性衰退、季节性生产产以及其他一些原因都会造成失业。各资本主义国家政府对待失业问题采取的措施与政策不外乎两条: 第一, 促进经济发展, 创造就业机会, 减少失业, 这是最为根本的一条; 第二, 举办失业保险, 给失业者以津贴, 减轻失业的困苦。失业对于大多数资本主义国家来说都是一个对政治、经济和社会影响深远而又无法根本解决的问题。作为最为发达的资本主义国家的美国也不例外。美国进入资本主义垄断阶段以后, 随着经济危机发展愈来愈频繁, 许多州和国会开始不断谋求制定失业保险法, 但由于受到种种阻力, 均未能成功。1932 年受经济大危机的冲击, 在罗斯福的努力下, 威斯康星州率先制定了失业赔偿法, 即《失业保险法》。到 1935 年, 美国全国有四个州通过了《失业保险法》, 但只有纽约州付诸实践。直到 1935 年, 美国国会通过《社会保障法》建立全国性失业保险, 美国失业保险状况才发生变化。

1935 年的《社会保障法》鼓励各州尽快制定本州的失业保险法和为失业保险规定起码的标准 (对这些标准各州可以放宽, 但不能紧缩)。有关法律的重要内容规定如有以下五个方面。

第一, 关于失业保险税。法律适用企业的雇主应向联邦政府缴纳失业保险税, 税率为每个职工年工资的 3% (1939 年改为工资头 3000 美元的 3%)。凡已制定失业保险法并得到批准的州, 按 2.7% 的税率征税, 所得金额留给州作为失业保险金, 按 0.3% 税率征税, 所得金额上交联邦政府作为管理费。这一规定的目的在于鼓励各州尽早制定失业保险法, 结果各州在两年之内都知道了失业保险法。失业率低的企业, 缴税税率可予以优惠, 以鼓励雇主少解雇职工。法律未禁止对雇员征收失业保险税, 过去有十个州在不同时间向职工征收失业保险税。

第二, 关于工人享受失业保险待遇的资格, 由各州自行规定。

第三，关于周失业津贴。《社会保障法》未作规定（实际上是由各州自定），但它规定津贴必须由州政府发放；专款专用，不得挪作他用。以后的法律规定，在"高失业期"发放失业津贴的周数可从 26 周延长到 39 周。

第四，失业保险由联邦劳工部管理，管理费用由联邦政府负担。实际上各州在失业保险的管理上仍有很大的自主权，除遵守联邦标准外，其他均可自行做出决定。

第五，关于失业津贴，各州通常规定：失业工人必须等候一周方可开始领取，每周津贴额通常是高工资季度工资的一部分，例如 1/26，但不得超过规定的最高限额或者低于最低限额。失业津贴的最高限额通常为基础工资的 30%，领取津贴的最长期限一般为 26 周。

总起来说，这一时期的失业保险与救济计划有以下三个特征。

第一，联邦政府开始意识到失业是一个全局性的问题，关系到整个资本主义社会的稳定与发展。作为新的福利制度的一个重要组成部分，联邦政府在为贫困失业者提供工作救济方面负有不可推卸的责任。

第二，对失业的一般性救济仍由州和地方负责。对于失业保险与失业津贴，联邦政府并没有做出统一规定，各州仍具有很大的自主权，除遵守联邦标准外（一小部分），其他很多方面都是由各州自行决定的。

第三，新政时期的重要立法——《社会保障法》与《瓦格纳法》开创了为失业者提供失业救济金与失业津贴的先河。当代美国的失业保障项目，是在新政时期制定的一系列失业救济政策基础上的延续、发展、扩大与调整。

自 1929 年经济大危机以来，美国失业率出现过几次大的波动，分别为 1933 年的 24.9%、1939 年的 17.2% 和 1940 年的 14.6%。如果说 20 世纪 40 年代美国失业率的下降是由于第二次世界大战的爆发缓解了失业状况，那么从 1933 年到 1940 年美国失业率的下降，无疑得益于罗斯福新政中积极的失业救济与失业保险政策的实施。这些保险项目为人们在疾病与因失业而丧失收入时提供了一定的经济保障。把一部分家庭的收入提高到贫困线以上，降低了贫困户的贫困程度，使他们有饭可食、有衣可穿，大大降低了他们对社会的不满，社会不稳定因素因此减少。失业保险与失业救济制度的实施不仅稳定了就业、安抚了人心，还有利于增强资本主义社会统治的稳定，起到了社会稳定器的作用。

3.2.2   老有所养：建立养老金制度

1935 年出台的《社会保障法》中另外一项最重要的内容就是养老金制度。其中一种是联邦老年保险计划，即"养老保险"。此项内容由联邦政府主办。《社会保障法》规定：1. 老年保险的对象是以各种受雇佣人员为主体，凡受雇于美国本土、阿拉斯加与夏威夷各工商企业及美国船舶上的雇员，年龄在 65 岁以上没有参加新的老年保险计划的人员均须参加。但仍有许多人不在参加的范围之内。根据相关规定，农业劳动者、临时工作者、公仆、家庭仆役、农场工人、商船海员以及教育、宗教、慈善机构雇员等均不在保险的范围之内。2. 联邦政府和各州对照顾 65 岁以上老年人有同等责任。联邦支付每人每月最多 15 美元；把联邦与州的支持加在一起，这些老年人每人每月平均收入为 20 美元。

第二种是公共援助类保障，即"老年援助"。公共援助所需资金主要来自一般税收，允许联邦政府拨专款给财政上有困难的州和地方政府，使他们能够为特别贫困的老年人提供收入和其他资助性服务。《社会保障法》在第一章中指出"为了让每一个州都能向贫穷的老年人提供援助，联邦政府有权在 1936 年 6 月 30 日之前向州拨款 4975 万美元，以后逐年划拨充足资金。"[1] 当然，联邦并不直接执行具体的救助工作，而是把资金提供给各州，各州再辅以配套资金。对接受者规定限制性的条件，然后通过测试等方式，决定申请是否符合救济的资格，并对满足资格要求的提供救济。

美国社会保障制度的基本特征之一是强调个人责任，这与美国所信奉的自由放任的传统观念是一致的。强调个人责任的价值观念也始终贯穿在养老制度安排上，主要表现为社会养老与个人养老相并重、正式和非正式的制度安排相并重。前者主要是指养老保险制度（Old Age Survivors and Disability In-

---

① 《社会保障法》，第 1—6 条。

surance)，即美国所称的"社会保障"（Social Security），后者主要是指"雇主退休金计划"和"个人养老储蓄计划"，雇主退休金计划和个人养老储蓄计划可能用年金的形式来实现。

美国社会养老保障制度的特征之二是广覆盖、低水平。社会养老保险计划详细规定了领取养老金的资格以及及时退休、丧失劳动能力退职、延迟退休等领取养老金资格的计发方法和普遍建立个人账户的细则等；其养老社会保障制度覆盖了 96% 雇员，但提供的养老金仅为社会平均工资的 44% 左右，这低于其他西方资本主义国家水平。

与其他福利国家不同，美国的私人养老保险制度较为发达，究其原因：一是由于美国社会养老保险提供的保障水平较低，这为私人养老计划的发展提出了要求、提供了空间。二是政府对私人养老制度的积极支持；在私人养老制度中，雇主退休金计划发挥了重要作用，美国养老保险制度的发展不仅鼓励了人们为养老进行储蓄的行为，而且保证了老年人的生活质量。与此同时，迅速积累起来的养老基金成为所有金融机构中成长最为迅速的部分，养老基金的成功运作对推动美国经济的迅速发展起到了至关重要的作用。

第一，为资本市场的再发展提供了重要的资金来源。美国道富银行主席康明希认为，找到一种较优的养老金体制改革方案能为一个国家获得可靠、稳定、长期的资本，以用来支撑资本市场的健康成长；借此可以把数百万计的大众存款带到资本市场中来，养老基金本身可以为国内资本市场提供所需的发展资金，而透明流动的资本市场的建立不仅能为退休者创造更多财富，还能缓解政府财政压力，并为发展中的企业注入资金[1]。在美国，私人养老金主要源于雇主为雇员建立的退休金计划。每个雇员的保险金是按工资的固定比例存入保险金中的，所以保险金的现金注入量能够一直保持稳定，而养老金从积累到发放中间间隔几十年时间。另外，由于对养老金供款不需要纳税，所以人们对养老金的供款存在着极大热情，这更加保持了养老金总额的稳定。这些特点使养老金可以为资本市场的再发展提供稳定的资金来源。

---

[1] 杨玲：《美国、瑞典社会保障制度比较研究》，武汉大学出版社，2006 年，第 195 页。

第二，养老金有利于刺激国内消费增长，缓和经济危机。随着美国老龄化趋势的加强，美国老年人的消费能力越来越成为影响其国家消费水平的重要因素。养老金的出现确保老年人有较稳定的退休收入，不会对自己的生活产生后顾之忧。由于养老金的收益率能够一直维持较高水平，所以年平均收益的回报率也会很高，而高额的回报率可以大幅度增加老年人的收入；所以有益于提高老年人生活水平。另外，养老金的稳定性有利于保障公众未来生活的质量，有利于稳定广大人民对经济前景的信心。

3.3 特殊人群保障与住房福利保障

3.3.1 妇女儿童福利保障：保护女工童工

妇女儿童的社会福利保障主要涉及未成年子女家庭援助、家庭补助等。大萧条时期，妇女的状况比男子更为悲惨。一位有过如此经历的女性这样说道："当女人们失业和饥饿的时候，她们会去哪儿是这个城市最为神秘的事情之一。在等待救济的队伍中没有多少妇女。慈善机构仅仅照顾那些被称作'值得照顾'的很少的人，我生活在城市里几个月过去了，没有得到帮助，因过分懦弱而无法在救济处得到食品。"而对于那些就业的女性来说，处境也好不到哪去。因为在男子长时间找不到工作或者工资下降的情况下，她们不得不承受家庭重负，并且还要面临着被解雇的危险。罗斯福上台以后，妇女活动家们联合各个同情和支持妇女利益的团体组织敦促罗斯福政府建立一套完整的社会保障体系，要求保障妇女儿童的权益。

1935 年《社会保障法》出台，虽然没有明确规定对妇女进行特别保护，但是确立了州政府对家庭和未成年子女援助的福利政策。广大妇女特别是单身母亲通过这项资助获得帮助。1935 年的《社会保障法》规定，联邦政府每年为州实施母婴健康计划提供 380 万美元，为州实施残疾儿童服务提供 285 万美元，实施儿童福利提供 150 万美元。1939 年社会保障综合修正案授权增

加经费，母婴健康计划 582 万美元，残疾儿童服务 387 万美元，儿童福利 151
万美元。这项法律条款虽然涉及面不广，但对于这些被社会遗忘的弱势群体
来说，已经起到了雪中送炭的效果。

对儿童的保护，特别是对童工的保护，主要是通过 1938 年颁布的《公平
劳动关系法》确立的。该法规定："禁止在州际贸易中运输任何全部或部分由
16 岁以下儿童制造的货物；在劳工部建立工资工时处，以监督此法的实
施。"① 这项法律颁布后，血汗工厂被明确取缔，对童工的剥削基本结束了，
工资、工时标准的基础得到了奠定。

3.3.2　住房福利保障：消除贫民窟

罗斯福在 1934 年 6 月 8 日的国情咨文中明确表示："根据我国宪法，联
邦政府所以建立的目的之一是增进全民之福利，提供福利所依存的这种保障
也就是我们的明确职责。""这三大任务是——家庭安全、生活保障、社会保
障——在我看来，乃是我们能够向美国人民提出的最低限度的承诺。"一个家
庭的生活保障不仅能够吃得饱、穿得暖，还应该有稳定的住所。因此，新政
时期罗斯福政府不仅仅关心人们的吃、穿、工作问题，颁布了一系列有关社
会保障的法律；还积极关注人们的住房问题，颁布与实施了一系列住房法规
与政策，如公共住房补贴方案、妇女婴儿和儿童住房方案、消除贫民窟运动
等等。

首先，美国制定了一系列有关住房的法规。1932 年，为应对经济萧条而
导致的严重住房短缺问题，美国政府开始介入住房市场，成立了"联邦住宅
银行抵押贷款系统（FHLB）"，由 FHLB 开始向公共住房开发商和中低收入家
庭提供低息贷款。FHLB 的成立，彻底改变了以前完全由地方私人金融机构垄
断住房贷款市场的格局。地方私人金融机构的贷款存在着贷款周期短、一次
性还本付息的弊端；而 FHLB 提供的抵押贷款方式，贷款周期较长，还款方

---

① 刘绪贻、杨生茂主编：《富兰克林·D. 罗斯福时代 1929—1945》，人民出版社，1994 年，第
149 页。

式可以采用分期付款的形式。由于 FHLB 提供的抵押贷款可以由联邦政府提供担保，因此，中低收入家庭贷款门槛降低，有相当一部分家庭借助于 FHLB 的贷款支持购买到了适宜的住宅。1933 年 6 月 13 日，美国通过房主贷款法，授权建立房主贷款公司。三天之后通过的《全国工业复兴法》授权使用联邦资金解决低费用住房问题，清理贫民窟住房和生存房基地；根据此项法律，美国实施了"有 50 个地方租公共住房工程"。1934 年 6 月 27 日，美国通过了《国民住宅法》，建立"住房管理署"。根据该法规定，美国还建立了联邦存款与贷款保险公司，以为中低收入阶层提供住房贷款抵押保险。由联邦存款与贷款保险公司提供保险的抵押贷款，贷款期限可长达 30 年；房价在 25 000 美元之内的，首付款的比例仅为 3%；超过 25 000 美元的房价，只需支付 5% 的首付款；提前还款也不必支付违约金。1935 年实施的《紧急救济拨款法》规定，为公共工程工人提供价值 4.5 亿美元的住房建设费，这解决了一大批人的住房问题。1937 年 9 月 1 日，美国第一个《合众国住房法》经国会批准通过，美国住房署建立，开始为地方住房机构的低房租工程和清理贫民窟工程提供贷款。1938 年，《国民住房法（修正案）》通过，决定为私人公司的租房工程和农民住房提供抵押保险贷款。1939 年 8 月，又有有关住房的另外两个法案通过，允许将由《房主贷款法》授权的房屋贷款期限由 15 年延长到 25 年①。自 20 世纪 30 年代以来，通过提供建筑、租金、出租、购买和居民住房经营等形式资助，联邦政府的各项项目已在很大程度上减轻了低收入家庭的住房难度。人们的居有所处的理想开始逐步实现。

其次，实行消除贫民窟运动。1933 年 6 月 16 日颁布的《全国工业复兴法》中提出要使用联邦资金解决低费用住房问题，清理贫民窟住房。清除贫民窟运动中最为核心的内容是实施联邦房屋修建计划，该计划大多由公共工程署负责实施，其主要包括以下几项工程：1. 在城市中建筑租金低廉的标准住宅工程；2 将农民从得不偿失的土地中迁出，重新安置在通称自耕自给农场中心的半农村村镇工程。公共工程署在这一时期清除了 27 个贫民区，在这些

---

① 马光红、胡晓龙、施建刚：《美国住房保障政策及实施策略研究》，《经济建筑》2006 年第 9 期。

地区内建造了标准的住宅。同时又在 23 个半市区内建筑了租金低廉的房屋。这些工程分别位于 35 个不同的城市中。但总体来看，公共工程署进行的这一计划实施规模较小、行动缓慢，并没有在多大程度上解决住房问题，其作用也远远比不上日后政府所颁布的几项立法。

　　总体来说，住房问题是和社会福利相联系的重要社会经济问题，自罗斯福以来，为中低收入和贫困者家庭及个人提供低费用的公共或者私人住房一直是美国政府不同程度关注和解决的问题。衣、食、住、行是广大劳工最为基本的生存条件，也是与广大劳工关系最为密切的问题。消除城市发展中的畸形贫民窟和落后社区，有利于改建和重建美国城市、推动美国城市化的大规模发展，有利于稳定民心特别是有利于处于美国社会中下层的广大劳工对社会的信心，有利于消除他们对社会的不满。这在一定程度上也缓解了劳资矛盾，利于促进经济发展。另一方面，住房问题与建筑业紧密相连，而建筑业是容纳工人最多的行业之一，建筑业的繁荣会吸纳更多工人工作，从而有利于缓解失业状况、促进美国经济的发展。

3.4　罗斯福时期社会保障制度对劳资关系的影响

3.4.1　罗斯福时期社会保障制度的特点

　　《社会保障法》是以弗朗西斯·帕金斯为首的经济保障委员会于 1935 年 1 月提交国会的，但遭到了多方的抨击；反对者认为社会保障的观念破坏了美国传统的自助、自治和个人负责的精神。经过历时 7 个月的多次修改和补充，才最终得以在 1935 年 8 月通过。这是美国历史上第一个由联邦政府承担义务的全国性的以解决老年和失业问题为主体的社会保障立法。它的颁布标志着美国社会保障制度全面建立。自此以后的半个多世纪中，美国历届总统又提出了许多新倡议，把医疗保健、教育、住宅等更多方面的社会保障计划囊括到社会保障体系中去，使社会保障体系逐渐完善。在罗斯福时代，美国社会保障政策具有以下特点。

第一，美国社会保障制度强调自我保障原则。1935 年 1 月，罗斯福在致国会的咨文中指出："关于社会保障的立法，首先应当遵循的原则是：除了开办费用之外，这项制度应当是自给的；就是说，保险费用所需款项不应取之于一般的税收。"即社会保障的资金要专款专用，并且独立于预算之外。同时社会保险与社会救济相区别，带有一定自我保障的性质，即社会保险金基本上是由个人和企业一起提供的，在某种程度上具有私人保险的特征。可以说美国的社会保障制度与国民的自我保障意识相辅相成，相互促进。

第二，体现了享受社会保障必须遵循权利与义务对等的原则。1920 年，西方最有眼光的福利国家的倡导者，英国的理查德·亨利·托尼，在他举世闻名的著作中提出："不为社会服务就得不到报酬。"美国社会保障制度坚持了这一原则。对老年保险和失业保险的保险费用支出，始终坚持一定的资格条件。其对资格的确定，是对义务的要求；而保险费用的支付，始终坚持一定的资格条件。① 其对资格的确定，是对义务的要求；而保险费用的获得，是尽义务之后应享受的权利；不具备资格，表明没有履行应尽的义务，也就无由获得相应的权利。这种权利与义务的对等，表现为纳税及领取保险金的全过程，它为物质利益原则在社会保障制度中的应用奠定了基础。

第三，在美国这个联邦制国家中，各州在社会保障制度的实施方面有相当大的自主权，它们可制定不违反联邦宪法和法律的州宪法与州法律。1935 年通过的《社会保障法》，实际上是一个国家和企业、联邦和州相互谈判、相互妥协的方案。在缴款问题上，职工被豁免，完全由资方支付。在管理上，全国工业贸易协会没有争取这一权利而把责任交给了州政府。美国社会保障制度的"联邦-州体制"造成了在相同基础上各地社会保障待遇的很大差别。一方面，维护了全国各州在社会保障制度上的协调和整体利益；另一方面，通过保护州的部分特权而调动了地方的积极性，使州担负起重要的义务和责任，且能针对各地的具体情况采取相应对策，这有利于推动经济和社会的

---

① 杨玲：《美国瑞典社会保障制度比较研究》，武汉大学出版社，2006 年，第 114 页。

发展。

第四，由于保守主义的主张，罗斯福新政建立的社会保障是模仿私营保险体制的。如提供住房补贴的房主贷款公司对失业的房主不予救济，并用一个商务机构调查各个申请人，以确定申请人是否有偿付能力。在 1938 年春的经济衰退中，该公司严酷无情地取消了 10 万多家因被解雇而不能偿还贷款的工人家庭的抵押房产赎回权。此外，负责救济的官员不得批准妨碍私人获利的计划。

第五，在失业保险中，消极的失业救济与积极的社会救助相结合，如《失业救济法》与大规模的以工代赈工程的结合。建立失业保险不仅将有助于避免职工被解雇时依靠救济，还可以通过稳定就业本身达到防止失业的目的；而且，失业保险制度的进一步目标是在各方面有助于鼓励稳定就业。

第六，社会保障法案不是致富法案的观念始终贯穿美国社会保障体制中。罗斯福曾经强调，在防止风险和人生的沉浮中，政府从来没有保证为百分之百的人们提供百分之百的保障。事实上，社会保障法案不是一个致富计划，不会为人们提供充分的保障，只能为美国公民提供最低的生活条件，或者说基本的生活条件①。

当然，虽然《社会保障法》在美国历史上具有里程碑的意义，但是，由于是美国第一部较为完整系统的保障法律，因此其不可避免地存在着各种缺陷。

第一，《社会保障法》中的各条文，除了有关失业保险方面的立法是 20 世纪 30 年代以来的创新外，其他条文大多是沿用先前已有的州法律。如吸取《谢泼德－唐纳德法》（*Sheppard－Towner Act*）以及一些州的养老金制度、为盲人提供现金援助的法律、遗孀津贴法令等。

第二，《社会保障法》提供的社会保障覆盖面小，对受惠者有较严格的条件限制。它所规定的提供公共援助的对象仅仅限于贫穷的盲人、部分老年人和失业的年轻人等数量十分有限的群体。"这项法律没有把许多类别的工人，

---

① 杨玲：《美国瑞典社会保障制度比较研究》，武汉大学出版社，2006 年，第 114 页。

包括那些最需要保障的——显著的如农场工人和家庭佣人纳入保险范围之内。"① 比如，当时 65% 的美国黑人工人是最需要保障的农场工人和家庭佣工，但《社会保障法》却不保护这两种人。此外，许多低收入者得不到社会救助，失业工人一般只能在失业后最多 26 周内领取失业保险补充费，一些被解雇的工人因长期得不到工作而失去失业保险的保障，有相当一部分应享受社会救助的老年人因各种原因未得到这部分救济金。因此，《社会保障法》的受惠对象覆盖面相对来说较少，这也是日后美国社会保障制度不断加以完善的方面。

第三，制度很不完全，缺乏普遍的医疗保险制度的实施。原因在于 1935 年虽然美国联邦政府有关部门认为必须实施医疗保险，但遭到某些国会议员的反对，终未通过。在《社会保障法》的立法中，国家逃避了对于老年贫困的一切责任，而不合理地从当时的工人收入中提取保险基金。《社会保障法》由于依赖递减税制和扣取大宗款项来筹集公积金，对经济发展造成了一定的损害。

第四，1935 年的《社会保障法》以及其他相关法律都仅仅规定了有关失业问题、养老保险以及儿童保障问题，对于与工人关系密切的疾病问题、职业培训问题等却都没有关注。贫困、失业与不健康的紧密联系是得到人们广泛承认的，医疗健康服务实际上是维持最低生活水平不可缺少的部分。1935 年《社会保障法》出台之际，罗斯福总统因顾及国内反对力量虽曾经考虑建立医疗保险制度，但最终未能如愿。直到 1965 年，由众议院议员提出《老年人医疗保险方案》，医疗保险制度才在美国医疗协会 AMA（American Medical Association）的反对声中艰难地获得国会通过，这比失业保险、养老保险等其他社会保障项目晚了整整 30 年。对广大工人进行职业培训，实际上是解决失业问题的一种主动性救济。20 世纪 30 年代建立的美国保障制度还没有意识到对工人进行职业培训可以提高他们自身的工作能力，进而减少失业风险；因此这一时期的美国还没有一项有关工人职业培训的法律法规。到 20 世纪 60 年代肯尼迪总统任职期间，美国国会才通过了有关职业培训的《人力发展和训练法案》，以提高失业人员和就业不足劳动力的技术能力。

---

① 威廉·爱·洛克腾堡：《罗斯福与新政》，朱鸿恩、刘绪贻译，商务印书馆，1993 年，第 153 页。

第五，"社会保障法不仅没有建立全国性的失业补助体制，甚至也没有为失业补助制定适当的全国性标准。由于 30 年代社会保障体制在美国刚刚建立，各方面还在摸索阶段，加之美国特殊的联邦制政治制度，各州有较大的自主权，因此标准还互不统一。有的州规定，领取失业保险的最长期限为 12 周，在此期间仍找不到工作的，由救济机构负责救济；而有的州则规定最长期限为 20 周。在保险金方面，有的州规定每月支付的保险金最高额为 10 美元，而另外一些州则规定为每月 85 美元，差距很大。"①

第六，与当时的欧洲工业国家相比，美国社会保障制度的发展明显滞后，罗斯福新政所实施的社会保障计划是"使美国人民跟上英语国家标准的为时已晚的尝试"，但保险的支付水平与其国民生产水平及国力相比一直占很低份额，很多保险如老年保险常常无法满足老年人的经济需求，这多少使养老保险显得徒有虚名。可以说罗斯福时代并没有建立起一个全国统一标准的美国社会保障制度体系，其在许多方面有待完善。

但无论怎样，新政时期出台的一系列有关社会保障的法律，为美国建立一个成熟、统一、长期的社会保障计划奠定了重要基础，标志着美国福利国家或者至少半福利国家的诞生。

3.4.2　社会保障制度成为劳资关系的调节器

罗斯福时期社会保障制度建立与实施的过程，实际上是对部分国民收入进行再次分配的过程。通过再分配，劳资之间的矛盾得到了有效调节，从而稳定了资本主义统治的社会秩序、为资本主义的发展提供了良好的环境氛围。如果说 19 世纪美国的西进运动是美国社会缓解社会矛盾的安全阀，那么，20 世纪 30 年代以来，罗斯福时期确立的社会保障制度则成为调节社会矛盾、稳定现行资本主义统治根本利益的调节器。

首先，《社会保障法》及其相关法律颁布后，贫困人口数有所下降，失业者在一定时期得到了最低生活补偿；这缓解了中下层贫困群众与资本主义统

---

① 和春雷主编：《社会保障制度的国际比较》，法律出版社，2001 年，第 58 – 60 页。

治的矛盾。贫困与失业是美国社会最大的不稳定因素。一部分处于"最低生活贫困线"以下的劳动者生活在社会的最底层,当经济危机来临之时,他们所受损失又最为严重,因此他们往往对社会的不满情绪最高。美国政府从维护自身统治角度出发,对国民收入进行适当的再分配,给失业者给予补偿,对那些生活在社会最低贫困线以下的劳动者进行保障,这在一定程度上缓和了社会矛盾,有利于增加社会内聚力,从而为经济发展创造了必要前提。

其次,社会保障制度的建立使老幼病残、鳏寡孤独等人都得到了某种程度的照顾,也免除了广大美国工人的后顾之忧。美国社会保障项目中关于老年、妇女儿童、伤残者的保险项目,有效防止了这些弱势群体进一步走向贫困。1935 年《社会保障法》的实施,使一大部分老年人可以享受养老金和救济金,也使抚养儿童的单身母亲、伤残者以及广大孤儿等享受到各类救济。这一制度的实施,使美国劳动者的生老病死得到了不同方面的保障,也使美国贫困状况在某些方面得到了控制,进而有效减少了导致社会矛盾产生的主要因素。据有的学者估计,如果没有政府举办的各种社会福利与服务,将很可能有 1/4 的人口生活在贫困线以下,社会上下层之间的矛盾以及一系列不安定因素也都会大大增加[①]。但是,我们不得不看到,美国政府的这种做法归根到底还是为了维护自身资本的统治;对贫穷者进行的社会保障的各项费用,一方面是从富人手中分一小杯羹给穷人,但更多方面是"羊毛出在羊身上"。美国社会保障制度中私人方面的开支起着主要的财政支持作用,如养老保险计划中规定老年保险的保费主要由雇主和雇员双方平均分摊,可见这并不完全是政府一厢情愿的救济。因此,美国社会保障制度并不可能真正彻底消灭贫困,对于贫穷者来说,社会保障制度并不能使他们生活得好,而仅仅是暂时缓解了部分贫困罢了。

再次,社会保障制度在缓解社会矛盾、调节劳资关系之余,还对资本主义的经济周期有一定的调节作用。社会保障政策所包含的收入累进税及其社会福利开支,是资本主义国家调节经济的手段之一,是名副其实的自动稳定

---

① [美]施密特、谢利、巴迪斯:《美国政府与政治》,梅然译,北京大学出版社,2005 年,第 550 页。

器。在经济发展时期，由于就业增加，职工的收入稳定，需要救济的失业者
及贫困者减少，国家用于社会福利支出减少，可以压低社会购买力，从而起
到防止经济发展过热的作用。在经济衰退时期，资本投资减少，职工的消费
水平下降，但社会福利的开支并没有减少，甚至略有增加，失业补偿支出大
增，这样不仅可以抑制贫困者的增多，也有利于增加社会购买力，从而对危
机的深化起到缓解作用。

最后，有利于美国国民经济结构的调整、资源的优化配置。强制性保险和
补助性福利救济使劳动力得以保护，并促使其适应经济结构调整的变化。另一
方面，社会保障制度的实施，使大多数劳动者的生活得到了基本保障，这样便
有效保护了社会生产劳动力，这对美国生产力的发展起到了一定的推动作用。

总体来看，新政时期，社会保障制度在美国的确立有效地调节了劳资关系
矛盾，确保了社会的稳定，维护了资本主义的统治。虽然社会保障制度并没有
改变劳动者受剥削的基本事实，也没有使全体劳动者都得到社会保险制度的保
障。正如马克思所说："吃得好一些，待遇高一些，持有财产多一些，不会消除
奴隶的从属关系和对他们的剥削，同样也不会消除雇佣工人的从属关系和对他
们的剥削。"[1] 但是，新政已经朝着消除贫困迈出了巨人般的步子。有一位作家
曾经指出："1929～1939 年这十年间在公共福利和救济方面所取得的进步，超
过了这片国土初被定居以来三百年间所取得的进步。"新政不仅投入了范围空前
的各种活动——实施各项规模庞大的救济方案、清除贫民窟、援助佃农、反对
开办血汗工厂和使用童工、规定最低劳动标准，还为社会上的不幸者负起了责
任。罗斯福曾经宣告："政府对于全体公民的福利负有一种终极的责任。如果私
人之间互相合作共同努力，未能为那些愿意工作的人提供工作和不幸的人提供
救济，那么，那些并非由于自己的过错而遭遇困难的人就有一种要求政府予以
援助的权利；而一个名实相符的政府则必须做出恰当的反应。"[2]

---

[1] 《马克思恩格斯全集》第 23 卷，人民出版社，1995 年，第 678 页。
[2] 塞缪尔·埃利奥特·莫里森：《美利坚共和国的成长》，南开大学历史系译，天津人民出版社，
　　1991 年。

第 4 章 "以工代赈" 的大规模兴起

公共工程，特别是大型公共工程项目具有吸纳人力资源多、建设周期长的特点，且其可以从衰退期一直延伸到经济繁荣期。早在 18 世纪亚当·斯密时代，就有人提出应该由政府出面举办大型公共工程，以之为私人部门的平等竞争创造必要的外部条件和环境设施。发展到现代社会，公共工程进一步发展为政府干预经济的有效工具和实现财政政策的有效载体，因为它既能增加有效需求，又能增加长期供给。20 世纪 30 年代经济大危机时期，罗斯福政府看到了公共工程在挽救经济、消除失业方面的重要作用，积极推出了短期救济与长期大型工程相结合的以工代赈计划，这项计划的实施在美国历史上起到了重要作用，为美国摆脱经济危机、走向新的繁荣立下了汗马功劳。以工代赈计划中，较为著名的措施有成立保护环境的民间资源保护队、实施田纳西河流域工程、设立进行大规模工程建设的公共工程署。

4.1 环境整治工程：促进青年人就业

4.1.1 环境整治工程思想的缘起

美国国土辽阔，幅员广大，广袤的可耕地占国土的 1/5 以上。发现新大陆之初，森林覆盖率达 50% 以上，主要分布在东部的阿巴拉琪雅山脉、中北部五大湖区、西部落基山脉和西海岸山脉，面积 8.2 亿英亩，加上灌木林达10 亿英亩①。绝大部分大草原和大平原都被高草和浅草植被覆盖。湖泊众多，河流纵横，矿产丰富。在这得天独厚的自然条件下，富于创造性的美国人民，在不到 400 年时间内创造了人类历史上前所未有的物质文明，一跃成为世界上最为富强的国家，使许多国家难以望其项背。但是，随着工业化时代的到来，大规模的集中化生产需要更多的原材料与资源；因此向自然索取的数量不断增多，进程迅速加快。到 19 世纪末，美国自然资源的破坏程度已经令许多社会有识之士为美国的继续繁荣和发展，甚至生存而忧心忡忡。

南北战争以后，美国人口突然由 1860 年的 3100 多万增至 1900 年的 7600多万。铁路、蒸汽轮船业和完全以自然资源为基础的工业迅速发展，对自然资源的使用、破坏和浪费的速度大大加快。铁路修建所用的枕木、车辆制造、车站建筑、栈桥和围篱以及大部分蒸汽燃料都来自于林木。19 世纪末期，铁路消耗木材年产量的 1/4～1/5②，加之采矿坑道、市镇建设用木和商业采伐量都很大，致使当时美国林木年砍伐量约为木材年生长量的 3 倍。在木材采伐中浪费极为严重，滚木所造成的木材破碎和丢弃废置量高达 1/4 以上。与此同时，森林管理也极为落后，由于缺乏科学管理，森林火灾时常发生。据统计，20 世纪前后，由于森林火灾造成的资源浪费每年达 5000 万美元。过度的砍伐与浪费，使美国森林破坏严重。到 1909 年北部森林、中北部森林、南部森林的损失分别达到 40%、54% 和 32%，洛杉矶和太平洋沿岸的森林也分别损失了 9% 和 11%，总计 4.5 亿多万亩③。砍伐森林、农耕和过度放牧造成森林植被和牧场植被严重破坏；此种情况下旱涝灾害频繁，雨水径流增大，洪水肆虐、水土流失严重，淤泥堵塞河道，大自然的生态平衡逐渐被打破。

另外，美国人还以极为浪费的方式开采煤、金属、石油和天然气等矿藏。

---

① 《简明不列颠百科全书》第五卷，中国大百科全书出版社，1986 年，第 780 页。
② 孙港波：《西奥多·罗斯福政府自然资源保护政策研究》，东北师范大学博士论文，1994 年，第 3 页。
③ 孙港波：《西奥多·罗斯福政府自然资源保护政策研究》，东北师范大学博士论文，1994 年，第 5 页。

19 世纪末无烟煤采掘每吨浪费几乎达半吨，按此速度，2027 年将耗尽煤的供应。天然气的浪费更加惊人，仅 1907 年就浪费 4000 亿立方英尺。

工业的兴起还带来了大量生活垃圾、污水、工业废料、废气等，人类的生存愈来愈受到影响。20 世纪 20 年代特别是 30 年代以后，美国的自然灾害频繁发生，洪涝、干旱和沙尘暴不断侵袭美国，环境问题逐渐成了影响美国经济发展的重要因素。

在 19 世纪末到 20 世纪初的工业化和城市化进程中，科学技术的发展在当时经济活动自由放任、环境认识水平较低等社会历史条件下，既为美国的大规模开发创造了条件，又造成了极大的破坏和浪费。轮盘锯、轮耙机、播种机、打捆机的发明使砍伐森林、开垦荒野的速度大大加快，随之植被的破坏速度与程度也逐渐加大。铁路和冷冻车的发明既造就了一个畜牧王国，又导致了过度放牧。同时，工业和城市的发展需要大量的能源与矿产资源，而由于此时科学技术的局限性，还未能实现解决开发与利用过程中浪费的技术问题。

早在 19 世纪末 20 世纪初进步主义时代，在一些有识之士的倡导下，环境资源保护运动就已经在美国兴起。主要代表人物有吉福德·平肖、西奥多·罗斯福等。吉福德·平肖（1865～1946 年）早年就读于耶鲁大学，毕业后前往法国南希国立林学院留学。1890 年学成归国，在农业部林业科任职。平肖积极倡导开展环境资源保护运动，他把资源保护运动界定为"利用自然资源为最大多数人最长久地谋求最大福利"。他强调，既要保护资源又要有节制地使用资源；既要满足当代人发展经济的需要，又不以牺牲当代人的生存和发展为代价。他主张资源控制权应掌握在国家和民众手中，防止个人因缺乏科学知识而导致滥用资源。19 世纪 70 年代后，美国自然资源保护运动逐渐兴起，促使美国联邦政府开始制定环境保护政策。1872 年 3 月格兰特总统签署《黄石国家公园法》，规定保护所有林木、保持自然状态，不得伤害和践踏。1899 年麦金莱总统又签署《雷尼尔山国家公园法》，进一步保护自然资源。1901 年西奥多·罗斯福总统上台后，赞同吉福德·平肖的观点，将资源保护运动推向了高潮。1909 年西奥多·罗斯福去职后资源保护运动曾一度走向衰落，但进步主义时代的资源保护思想仍在美国社会发展与实践中起着重要作用。富兰克林·罗斯福深受这种思想的影响，和平肖一样，他把植树造林作为抑制土壤侵蚀、恢复地力的主要措施，并希望能够造福子孙后代。1911年富兰克林·罗斯福出任纽约州森林、渔业和狩猎委员会主席。在任内，罗斯福积极促进通过各种法案保护资源。1912年，针对纽约州北部州属森林保留区附近私人领地上过度砍伐森林的现象，罗斯福提出了《罗斯福－琼斯法案》，提议要求州政府对私人土地上的林木砍伐进行管制。1928年罗斯福担任纽约州州长后，制订了一个振兴农业经济的计划，强调对农业救济植树造林，由政府来开发电力资源。1931年8月，罗斯福在纽约州成立了临时紧急救济局，其任务是通过使用州救济金来组织失业者进行植树造林和从事其他森林保护工作。临时紧急救济局的组织运行、机构设置以及所进行的工作项目与后来的民间资源保护队在很多方面类同，为日后成立资源保护队提供了摹本，也为建立全国民间资源保护队提供了具体的实践经验。可以说，罗斯福任纽约州州长时实施的一系列政策对于他当选美国总统后的政策选择有着重大的影响。

1933年3月罗斯福就任美国总统时，正值大萧条最为严重的时期，"总数大约5000万的劳动力中，估计有1500万人失业"。失业人数的扩大与生活水平的骤降，使整个社会充满了不可思议的思想和骚动。天灾与人祸相随，由于长期以来自然环境遭到破坏，1932～1936年，美国持续出现干旱，从得克萨斯州到南达科他、北达科他两州的广大地区变成了"尘暴区"，"几百万英亩的作物完全被烧焦"[①]。面对庞大的失业队伍与不断袭来的干旱、尘暴等自然灾害，罗斯福在总统就职演说中提出了要保护自然资源和人力资源的主张。1933年3月9日，罗斯福召集由农业部、内政部、陆军部部长以及预算和法律等相关部门的人士共同讨论解决危机的办法。当日有内政部法律顾问爱德华·芬尼和军法署署长凯尔·鲁肯上校拟订了一个失业救济草案，决定征募失业青年从事公共工程建设和资源保护工作，以解决出现的人力资源与自然

① ［美］德怀特·L. 杜蒙德：《现代美国》，宋岳亭译，商务印书馆，1984年，第86页。

资源危机。3 月 13 日该议案提交国会，但被驳回。在罗斯福坚持下，内政部、陆军部和农业部制订了一个更为详尽的方案，提出了解决失业问题的三种办法，其中包括征募失业人员从事土壤侵蚀保护和森林保护等相关工作。这项草案连同罗斯福的一封关于紧急资源保护工作的建议书于 3 月 21 日一起提交国会审议。3 月 28 日，该法案获得参众两院通过。3 月 31 日，罗斯福签署了《紧急资源保护工程法案》，据此民间资源保护队很快组建起来。

4.1.2 民间资源保护队与田纳西河水利工程

4.1.2.1 民间资源保护队的工作

1933 年《紧急资源保护法案》通过以后，罗斯福迅速采取行动。4 月 3 日，罗斯福在白宫召开会议讨论该法案的实施计划，任命罗伯特·费克纳为民间资源保护队队长；4 月 7 日开始招募人员参加保护队，从而拉开了资源保护工作的序幕。

民间资源保护队，由陆军部、内政部、劳工部和农业部共同管理，联邦政府负责拨款，吸收由于缺乏技术和经验而失业的 18 ～ 25 岁的青年，从事植树造林、森林防火、防止水患、水土保持、道路建设、控制虫鼠害等方面的劳动。创建的这支平民造林大军，把"流浪的野孩子和城市失业者都吸纳进来，安排到国有森林里去工作"[1]。该保护队首批招录了 25 万失业人员，由 2500 名退伍军人和 2500 名有经验的林业工人指导和管理，分散在各州的 1500 个营地劳动，他们除食宿外每月工作工资 30 美元，其中 25 美元作为赡家费。这一项目"向 25 万人提供了就业机会，特别是那些有家累的年轻人……这是个巨大的任务，等于要为比正规军规模大一倍的人提供衣食和照顾。创建这个非军事的资源保护队伍是一箭双雕，明显地提高了自然资源的价值，同时也在减缓相当程度上的实际灾难。"[2]

民间资源保护队从事的工作几乎涉及环境保护的各个方面，可以说包罗

---

[1] 威廉·爱·洛克腾堡：《罗斯福与新政》，朱鸿恩、刘绪贻译，商务印书馆，1993 年。

[2] 关在汉：《罗斯福选集》，商务印书馆，1982 年。

万象，其主要有森林保护工程、森林改造工程、植树造林、保护土壤和发展国家公园等。

森林保护工作主要是森林火灾预防、森林救火、森林病虫害防治等，其主要措施包括：在森林附近设立护林营地，以加强林区巡察工作；向公众进行宣传和教育，以提高其自觉的防火意识；清除森林表层的枯树和杂草，以减少火灾隐患；修建防火道、蓄水池、公路和瞭望塔；架设电话线；等等。从 1933 年到 1942 年，民间资源保护队共"修筑了 118 490 多英里公路，建造了 3108 座瞭望塔，修护旧塔 1767 座，架设电话线 84 730 多英里，并清除了 2 075 970 英里的防火道，完成了一系列森林火灾预防工程"①。森林改造工程主要指对森林表层的清理，即清除那些枯树、病树和没有价值的树木及杂草腐质层。九年多的时间里，资源保护队共清理改造了 3 979 280 英亩森林②。通过植树造林扩大国有林区的面积是资源保护队建立的初衷。1932 年美国国有林区仅有 2.5 万英亩新林区，资源队建立后，国有新林区的面积迅速增长，从 1933 年到 1940 年的 7 年中，民间资源保护队植树约 20 亿株，面积超过了 200 万亩。③

民间资源保护队成立后，并没有把土壤保护放在首批工作计划的首位，但随着土壤情况的不断恶化，特别是 1934 年 5 月一次灾难性的特强沙尘暴——"黑色风暴"的爆发，彻底改变了民间资源保护队的工作计划。这场大风暴席卷了美国大半壁江山，席卷之处一片黑暗，能见度几乎近于零，房屋内外各个角落都是一层厚厚的尘土。虽然自 30 年代初沙尘暴就屡有发生，但都没有这一次破坏力这么强、波及范围这么广。这次风暴激起了人们对土地资源的保护意识，尘暴发生不久，罗斯福总统就安排了一次全国范围的土地资源状况调查，全国情况不容乐观，随后罗斯福又积极增加对土地资源保护资金和人力的投入。到 1934 年 9 月，民间资源保护队中从事土壤保护工作

① A. L. Riesch Owen, *Conservation Under F·D·R*. New York：Praeger publishers，1983，p.131.
② 滕海键：《民间资源保护队的缘起和历史地位》，《史学月刊》，2006 年第 10 期。
③ 滕海键，《民间资源保护队的缘起和历史地位》，《史学月刊》，2006 年第 10 期。

的野营站数量由 1934 年 4 月的 22 个增加到了 34 个，1935 年则增加到了 51 个。这些野营站主要根据不同地区的土壤情况采取不同的保护与修护措施。在冲沟地带，他们通过种植灌木、草皮来恢复植被覆盖量，以防止水土流失，这样改造过的土地面积达 1 万平方米。在片状侵蚀区，他们通过种植遮盖作物来保持水土，经过这样处理的农田面积达 600 多万英亩。在那些冲沟太大或者过于干旱的地区，他们则通过修建临时性的阻坝来恢复植被，防止水土流失。从 1933 年到 1942 年的 9 年时间里，民间资源保护队先后修建了 30 多万个临时性或永久性的阻坝。在坡岭地带，民间资源保护队通过修建梯田和排水口来调节旱涝，9 年时间里共修筑 3.3 万多英亩梯田，排水口 43 万多个。

除了森林保护工程和土壤保持工作外，资源保护队还新建和修复了大量的国家公园设施，其工程包括修建旅馆、卫生设施、供水系统、车库、停车场、假造公共游泳池、大型人工湖、历史景观等。据初步估计，从 1935 年以来，民间资源保护队共开辟了近 20 万英亩的国家公园，发展了 800 多个州级公园，新修道路约 12.5 万英里，改造旧路约 60 万英里，建造桥梁约 4 万座。

民间资源保护队在它存在的 9 年时间里，无论是在保护美国的自然资源方面还是保护人力资源方面都做了大量工作，取得了令人十分瞩目的业绩，成为新政中做出重要成绩的主要机构之一。一方面，民间资源保护队的工作在美国资源保护史上占有十分重要的地位，对日后的资源保护思想与实践产生了深远影响。另一方面，资源保护队工作计划的长久性与大规模性，为社会提供了众多工作岗位，迅速缓解了社会失业问题；吸纳了大量青年劳动者工作，为保护美国人力资源、维护社会稳定做出了积极贡献。民间资源保护队先后植树大约 20 亿棵，这些树木迅速增加了美国未来林木资源的总量。据 1941 年美国林业工作者协会对分布在弗吉尼亚和佐治亚地区的国家森林进行抽样调查研究表明，那些经过民间资源保护队改造过的林区的林木生长情况明显要好于未经改造过的地区。这些森林资源为美国创造了巨大的财富。联邦政府森林局的一项研究报告显示，美国南部松林区 30

年代中期由民间资源保护队种植的 16 万英亩的林木，到 1954 年价值达到 2900 万美元。林业界权威人士甚至认为，民间资源保护队种植的树木在大约 40 年后价值应可达到 2.4 亿美元。除了森林资源外，民间资源保护队所实施的保护土壤的工作取得的业绩也同样对后代影响深远。据土地资源保护局 1941 年的一项研究结果表明，在得克萨斯州，因民间资源保护队修筑梯田而使得每英亩棉田增产 68 磅，在新政时期，民间资源保护队先后完成了 2000 万英亩土地的资源保护工作，这些土地所创造的经济价值也难以估量[1]。可以说这些保护措施的实施不仅改善了国家的资源状况，使自然资源的有效供给大大增加；而且在一定程度上缓解和抑制了环境恶化的趋势，为美国可持续发展奠定了基础。

民间资源保护队的创建，不仅保护了美国自然资源，还在一定程度上保护了人力资源。20 世纪 30 年代的经济大危机严重损害了广大劳动者，失业、饥饿和无所事事不仅摧残了他们的身体，还腐蚀了他们的精神。罗斯福通过征募那些处于困境状态下的劳动者从事资源保护工作，在一定程度上改变了他们的状态。大萧条造成的大规模失业对美国民众的精神产生了不可磨灭的消极影响，失业者"总是感到内心有愧和自轻自贱"，"不仅是饥饿使他们感到痛苦，他们的民族自豪感也受到了严重的损害和极大的侮辱。"民间资源保护队的设立，使数百万的青年劳动者找到了较为长久的工作，使他们感到自己还是有用的公民，不仅解决了他们的温饱问题，还维护了他们的自尊心与自信心、提高了他们的生产生活技能。这为以后美国经济的发展保护了人力资源。

4.1.2.2 田纳西河流域管理局工程的实施

新政中有关环境保护方面的以工代赈工程，业绩较为显著的除了民间资源保护队外，还有田纳西河流域管理局工程。美国著名史学家塞缪尔·莫里森曾经在《美利坚共和国的成长》一书中指出："新政没有哪一部分，比注意于自然资源保护的这一部分更富于想象力"；其中"最富戏剧性的乃是田纳西

---

[1] 王向红：《罗斯福的绿色政治》，《海南大学学报》（人文社会科学版）2004 年第 3 期。

河流域管理局"①。这项工程不仅有效地改善了田纳西河流域的生态环境；还吸纳了大量失业工人，有效解决了就业问题，促进了当地经济社会的稳定与发展，对后世乃至世界其他各国都产生了深远影响。

田纳西河流域是包括横跨七个州的一大片地区，总面积约4万平方英里，人口达200万人左右，是当时美国最贫穷的地区之一。19世纪前，该流域是一个自然资源非常丰富，有着肥沃的土壤和大片林地的地区。到19世纪末，该地区移民数量逐年增多，为了维持最低限度的生计而必须进行的坡地耕作和工业化生产下的大规模开采，使田纳西河及其许多支流土壤流失严重；加之这条河水流湍急经常泛滥，河周围地区肥沃丰腴的表面土层也被冲得精光：这个地区逐渐变成了童山濯濯和贫瘠不堪之地。到20世纪初时，这里变成了穷人聚居的地方。当地居民依靠在地里勤耕苦种勉强维持生活，这种生产生活方式使他们陷入了土地日益贫瘠又不断丧失自然资源和森林资源这样一种恶性循环中。

早在1901～1909年西奥多·罗斯福时期，进步主义资源保护论者就积极倡导对该地区的土壤流失、森林砍伐、洪水泛滥进行综合性的治理。1908年，西奥多·罗斯福总统向国会提交了一份内陆水道委员会的报告，即采用多方综合治理的方法来解决田纳西河流域出现的种种环境问题，但因一直处于取舍未定的状态，故实施成效不大。威尔逊总统就任后，指定在亚拉巴马州南北部的田纳西河畔的马瑟肖尔斯修筑水坝，作为政府利用水利资源生产硝酸盐的基地，但综合性的环境治理工作并没有开展起来。20世纪20年代后期，在诺里斯等参议员的推动下，国会曾先后两次通过由国家在马瑟肖尔斯建设水力发电工程的法案，但被柯立芝和胡佛两位总统否决。1933年3月富兰克林·罗斯福上台后，看到了田纳西河流域蕴藏的巨大效益：如果对该地区实施综合治理，建设大型公共工程；不仅可以改善该地区的生态环境，还能利用水利资源调控农业、鼓励地方工业发展，从而解决一大批工人的失业问题，

---

① 塞缪尔·埃利奥特·莫里森：《美利坚共和国的成长》，南开大学历史系译，天津人民出版社，1991年，第653页。

进而有效推动经济的复苏与发展。1933 年 4 月 10 日，罗斯福要求国会建立田纳西河流域管理局，该管理局的运行形式为：按公营公司方式行事并拥有一定政府权力的超党派机构。其主要职责为：管理田纳西河流域地区，开凿一条最低深度为 9 英尺的 650 英里长的内陆水道，将南方的内地与大湖、俄亥俄及密苏里的密西西比河连接起来。设计与建设一座新的大坝，以控制洪水、发动电力、生产化肥等。该建议在国会通过，1933 年 5 月罗斯福正式批准了《麻梭浅滩与田纳西河流域发展法令》。根据这一法令，田纳西河流域管理局正式成立，由安蒂奥克学院的院长阿瑟·摩根、田纳西大学校长考特·摩根、威斯康星州公务员委员会主席戴维·利连撒尔任局长，共同负责执行法令中所提出的田纳西河流域综合发展规划。

田纳西河流域管理局实施的治理措施主要有：对田纳西河、密西西比河及其支流进行疏浚、治理、修筑堤堰、控制山洪；在宜林山地上重新植树造林；举办示范农场和试验站，帮助农民改良土壤、改进农业生产技术、学会科学种田；建设马瑟肖尔斯大坝，并在田纳西河水系需要建坝的地方建立其他大坝。管理局负责生产并出售大坝所产生的电力，优先出售给自治市和农业合作团体。并建设通往农村地区的输电线，将电力输送到农村，以改变该地区的产业结构，进而促进田纳西河流域的经济和社会福利的发展。

田纳西河流域的治理工作在 10 年就达到了倡导者们所期望的目标。无论是在环境治理方面，还是在发展农业、工业方面都取得了显著成果。

第一，在防洪方面，经过治理，原来奔腾澎湃的河水被驯服，洪涝灾害大大减少。从 1933 年到 1952 年，田纳西河流域管理局在田纳西河及其支流共建造了 20 座新水坝、改建 5 座原有水坝，使田纳西河流域 7 个州 165.8 万平方公里的广大地区的农田得到了灌溉，荒地变粮田，农业生产得到了发展；1929 年到 1949 年，美国其他地方的农场收入增加了 170%，田纳西河流域的农民却增加了近 200%[1]。该局还举办了示范农场、试验站，提供职业教育设施，帮助农民改良土壤、试用新肥料、改进耕作方法。这些综合治理的实施

---

[1] 王向红：《罗斯福的绿色政治》，《海南大学学报》（人文社会科学版）2004 年第 3 期。

很快提高了该地区人民的生活水平，"在 1933 年～1939 年间，该地区的银行存款增加 76%，全国只增加 49%；商品零售总值增加 81%，全国只增加 71%。"①

第二，内陆水道的开凿与大坝的建设使该地区的航运业也得到了极大发展。650 英里长的内陆水道把南部内地和大湖区、俄亥俄河以及密苏里－密西西比河水系连接起来，廉价的驳船航行在内陆水道上，将汽车、汽油、铁和水泥运往沿河城市。到 1977 年，年运货量达 2700 万吨以上。

第三，在发展第三产业方面，田纳西河流域工程也取得了非凡业绩。由湖泊和大坝组成的巨大水系景观吸引着旅游者和访问者，包括钓鱼、野营、划船等项目在内的旅游业兴旺发展起来。

第四，该局最大的成就还是水利大坝的建设，借其生产、出售肥料和电力。特别是随着电力生产规模扩大，管理局开始降低电力价格，增加电力的使用；不仅当地居民得到了廉价的电力供应，还有许多工业从西北地区迁移过来，以便利用廉价的电力进行生产。新的工业企业也在这个地区建立了起来，该地区的产业结构与居民生活方式都逐渐发生了变化。电力生产规模的扩大，使电力应用不再是城市人所拥有的奢侈享受，农村电气化管理局配合田纳西河流域管理局把电线接到农村，人们晚上一家聚在一起，把大发电机开关一打开就能看到他们的家宅在灯光中突然显现。到 1941 年，10 家农场中已有 4 家有电，农民已逐步享有电力机械的便利。

第五，田纳西河流域管理局进行了一种新的企业形式的尝试，开辟了独立国营公司的先例。田纳西河流域综合治理工程涉及全国 7 个州，需要所有相关的州、县、市、镇当局及各种各样机构协调合作，这样一来国家便成为最适宜主持与实施这一工程的机构。另外，根据《田纳西河流域管理局法》规定，该局的主要任务是改变田纳西河流域的贫穷落后面貌，降低全国电价，普及电力使用，促进生产发展与改善人民生活。这些任务利润少、投资大，

---

① 刘绪贻：《田纳西河流域管理局的性质、成就及其意义》，《20 世纪以来美国史论丛》，中国社会科学出版社，2001 年，第 82 页。

是私营企业所不愿意干的。所以该法规定田纳西河流域管理局是一个超党派的国家机构,它的局长是在参议院的同意下由总统任命的,任职期间不能有其他职位特别是不能从事与企业发生财务关系的职务。但另一方面它采用了具有像私营公司一样灵活的经营方式,产生与其成本同等或更大的收益和价值。"它不受那些不相干的国家界限的禁制,而且将是独立经营的、政府所有的公司。一旦开始运作,它将指挥自己的经营活动,偿还国会投资,并将其'利润'投入进一步开发工作,它的逐年的经费筹措(与管理)既不依靠议会,也不依靠国会。"[①] 田纳西河流域管理局这种具有私营企业独立经营性质的国营企业公司形式,既创造了保证资本主义经济发展的外部条件,如防洪、发展航运、改造落后地区促进全国发展;又大规模地进行了电力与肥料的生产和经营,打破了私营电力公司的垄断,促进了经济的发展。田纳西河流域管理局工程成为新政以工代赈工程事业中对美国政府的理论与实践最具影响力的一项工程。

另外,在治理田纳西河流域的工程建设中,需要大量的劳动力,而大危机时期,失业人口众多,这一工程吸收了大量失业者参加,有效地解决了当地劳动力的就业问题。同时,"在那个流域里,土地的生产力增加了许多倍,为青年男女提供的机会也已经增多了。"

总体来看,田纳西河流域治理工程是新政中较为成功的公共工程建设项目,取得了令人瞩目的业绩。这个地区性的综合治理和全面发展规划,"是美国历史上第一次巧妙地安排整个流域及其居民命运的有组织尝试"[②]。该项工程最大限度地解决了自然资源与人力资源危机,缓和了就业压力,调节了劳资矛盾,对于缓解大萧条时期的社会危机也起到了重要作用。特别是田纳西河流域管理局创设的这种具有私营企业灵活性的独立国营公司经营方式,在某种程度上汲取了社会主义倡导的经营方式的经验,打破了私人资本主义的

---

① 刘绪贻:《田纳西河流域管理局的性质、成就及其意义》,《20 世纪以来美国史论丛》,中国社会科学出版社,2001 年,第 84 页。

② Carl N. Degler, *The New Deal*. Chicago: Press of Chicago Quadrangle Books, 1970, p. 103.

垄断，使美国资本主义带有了一定的社会主义因素，这种"真正新颖而富于想象力的设计"，可以说是一种新型的国家所有制。在这种所有制下，劳资关系也进入了一种新的发展模式阶段，劳资关系已不仅仅是简单的工人与资本家的关系，国家开始介入其中，工人、资本家、政府三方为基础的新型劳资关系体系逐渐形成。从这点来看，资本主义已经发生了微妙变化，新政开创了一个资本主义的新时代。

4.1.3 环境整治工程对后世的影响

新政时期的环境整治工程旨在解决因经济大萧条而引起的城市劳工失业问题和与此相关的一系列社会问题，以及因工业化和对自然资源的"虐待"而造成的资源匮乏和环境恶化问题。环境整治工程把二者结合在一起，建立了民间资源保护队和田纳西河流域管理局，这两项工程在新政中占有重要地位，不仅在于它们解决了当时大萧条中最为严重的失业问题、稳定了社会，还在于它对后世乃至世界都产生了深远影响。

第一，罗斯福政府的环境保护工程，有效地改善了美国中西部较为恶劣的生态环境，增加了自然资源和人文资源的有效供给，在一定程度上既减缓和遏制了环境恶化的趋势，又保护了人力资源，从客观和主观方面都为美国经济发展打下了可持续发展的基础。罗斯福曾经解释说："民间资源保护队的工作任务是明确的，具有实际价值，它可以作为创造未来国家财富的一种手段。""这项计划会保护我们珍贵的自然资源。它将造福于我们的社会和子孙后代。"民间资源保护队的护林保土工作，为美国营造了成千上万公顷的森林，相当于美国有史以来公私植树造林总和的一半以上，大幅度地增加了这个国家未来林木资源的总量；改善了林区的生态环境，有效防治了类似"死神风暴"的生态灾难，为美国经济的发展打下了夯实的自然原料基础。保护队以完善国家公园体系为主的改建户外旅游设施和景观的工作，使一大批国有公园、野生动物保护区得以建立，休闲娱乐设施得到极大扩展，不仅保护了一大批生态环境资源，还获得了长期的经济收益。从 20 世纪 30 年代中期以后，野外旅游逐渐普及，走向大众化发展道路，国家公园、自然游览区体系的完善，使旅游收入逐渐成为国民收入的一个重要组成部分。田纳西河流域的综合治理工程，不仅有效地减少了洪涝灾害，还取得了巨大的经济效益，"从建立第一座工程到 1979 年，防洪效益超过 20 亿美元，是水库建设投资的 7 倍"[①]，该流域内约 121.4 万公顷农田得到灌溉，农业生产得到发展。

第二，绿色可持续发展观念为后世所沿用。罗斯福新政时期为解决失业和生态失衡问题所作出的绿色可持续发展的措施，产生了巨大的经济与社会效益，为后世所效仿与采纳。罗斯福之后的历届政府都十分重视环境保护，先后制定了有关保护环境的法令与措施。罗斯福继任总统杜鲁门曾在国会大声疾呼："我们必须大力保护我们的自然资源，以免为只顾自己利益的人们所滥用。"[②] 他要求调查美国矿藏资源、采取措施防止水土流失、植树造林、修筑完善河道……在杜鲁门执政的 8 年时间里，联邦政府投入到防洪、农田灌溉、生产廉价电力等方面的投资达 50 亿美元。肯尼迪在新边疆计划中也提出要保护与开发国家资源。约翰逊任职期间，加强了城市更新和环境保护方面的立法，着手解决城市环境污染问题。约翰逊任内，推动国会在控制水污染、制定空气质量标准、垃圾处理以及美化环境方面通过了一系列立法。尼克松政府则先后颁布了 15 个有关环境保护的法律，进一步扩大了环境保护措施，其中 1969 年 12 月 30 日通过的《美国国家环境政策法》影响深远。另外，环境保护公共工程完成后，那些资源保护运动的参与者有很大一部分在第二次世界大战后仍然从事着资源保护相关的工作，并在日后的美国环境运动中发挥了重要作用。同时，罗斯福政府环境保护工程的大规模实施，使"保护自然环境"的观念深入人心，自罗斯福之后，美国逐渐形成了绿色可持续发展观念，这种观念一直延续至今，使绿色生态工程在美国经久不息、保持至今。

第三，罗斯福实施的环境保护公共工程，有效地解决了失业问题，保护了人力资源，对于刺激美国经济的复苏乃至日后经济的可持续发展做出了贡献。罗斯福政府有关环境保护的公共工程，实施规模大，持续时间长，为数

---

① 赵涛：《罗斯福新政》，经济科学出版社，1999 年，第 80 页。
② 刘绪贻主编：《战后美国史》，人民出版社，2002 年，第 78 页。

百万人提供了就业机会，对于降低社会失业率、缓解就业压力等起到了十分重要的作用，缓解大萧条负面作用的工作成效显著。1934，实施大规模环境工程后的第一年，美国失业队伍减少了200多万，1935年，失业率从1933年的24.9%下降到20.1%。环境保护公共工程"把失业从城市带到周围有益健康的环境中去，至少在一定程度上减轻了游手好闲对精神和道德的稳定所造成的威胁"，"更为重要的、相对于物质利益而言的，是这种工作的道德和精神价值"①。以失业工人为主的民间资源保护队队员在实践中推广了资源保护运动，他们通过自己的工作和宣传等多种方式对周围社区人们都产生了影响，并进而将这一运动扩展到其他社会去。民间资源保护队通过增加农场和林木的生产最终帮助了地方经济；通过发展旅游设施，比如在公园和林区附近修建观光小路、游览中心等又带来了旅游收入，利于地方经济的发展。经济在一点一滴的积累中逐渐走向复苏。

　　总之，环境保护公共工程不仅仅有助于解决自然生态环境问题，对经济、社会、人力资源保护等方面都产生了积极作用，其所形成的绿色环保传统与观念对后世也产生了积极影响，其结果正如罗斯福所说："将永远无人能用美元和美分，来估计它对人们本身以及对于全国，在士气民心、职业训练、卫生保健和适应日后竞争性生活的能力等方面所具有的价值。"②

4.2　公共建筑工程：非熟练工人再就业

　　20世纪30年代罗斯福政府所面临的最为迫切的问题是救济成千上万的失业者，缓和社会动荡趋势。罗斯福曾经在竞选时承诺，决不让任何人挨饿。但是，到1933年罗斯福正式就职时，美国已经陷入了大萧条的最深渊，千百

① Edgar B. Nixon, *Franklin D. Roosevelt and Conservation. 1911—1945.* Hyde Park, New York: Franklin D. Roosevelt Library, 1957, p.143.
② 塞缪尔·埃利奥特·莫里森：《美利坚共和国的成长》，南开大学历史系译，天津人民出版社，1991年，第653页。

万人已经濒临挨饿的绝境，州和地方政府显然已没有能力力挽狂澜，过去承担主要救济任务的宗教团体、慈善机构以及实行福利资本主义的企业也纷纷告急，联邦政府必须采取有效的救济干预措施才能缓解这种局面。1933 年罗斯福在致国会的一份咨文中提出了三种救济方式：一、由联邦政府招收和雇佣工人；二、拨款给各州以供开展救济工作；三、实行一个大规模的公共工程建设方案。这三种方案皆可收到立竿见影的效果，但对于崇尚独立自由的美国人民来说，这在很大程度上伤害了他们的自尊心。采用以工代赈的办法通过提供工作来实施救济可望保持士气民心，修整改进经济设施。罗斯福政府打破了原有的把公共工程与工作救济相区别的做法，把二者结合起来开展了大规模的以工代赈计划。先后成立了联邦紧急救济署、公共工程管理局、国民工程管理局与工程发展署来实施公共工程建设、解决非熟练工人再就业问题。

4.2.1 美国基础建设事业的大规模发展

富兰克林·D. 罗斯福总统在 1933 年 3 月 4 日就职演讲中宣布："我们最基本的任务是让人民就业。"然而，究竟要采取怎样的措施才能有效地解决工人大规模失业的问题呢？在严重失业现象危及美国资本主义经济和民主制度的紧要关头，以罗斯福为代表的美国联邦政府抛弃了原有的思想——对穷人的救济只是慈善团体的责任，发起了大规模的以工代赈计划，首开先例的是民间资源保护队。但是另一方面，罗斯福在新政之初虽然兴办了一些他感兴趣和有信心的诸如自然资源保护和水利电力一类长期性的工程计划，却一直心存"建立联邦救济可能会破坏成千上万个家庭的独立"的担心，因此对其他公共工程的实施非常谨慎。民间资源保护队成立之初，就曾经有人给罗斯福建议兴办一些建设性的公共工程，但罗斯福还未将广泛建设公共工程看作是恢复工业的重要杠杆，因而反对巨额公共工程开支。但是，罗斯福善于采纳各种人才的建议，一些议员在胡佛及其以前的共和党执政时期就曾倡议兴办一些公共工程项目，新起用的霍普金斯等人也热心于公共工程。在他们的建议下，加之失业与贫困问题的严重仅靠已经兴办的项目是无法解决的，罗斯福又先后成立了一系列名目繁多的公共工程管理机构与工作救济机构，负责开展大型的公共工程和进行各项基础设施建设。按照成立的先后顺序主要有以下几个机构。

1. 联邦紧急救济署（Federal Emergency Relief Administration），1933 年 5 月，国会通过《联邦紧急救济法》。根据该法规定：成立联邦紧急救济署，获得 5 亿美元用作各州的补助金；各州按规定必须提供对等补助；最终受益者要接受经济情况的调查。该署是后来新政为向失业者提供救济或工作机会而成立的许多机构的先驱①。

2. 公共工程管理局（Public Works Administration）。联邦紧急救济署所实施的工作与计划大部分是作为复兴权宜之计的直接救济，为的是让广大人民不至于饿死。要想获得真正的经济复兴，必须刺激那些不景气的没有在救济计划中获得直接投资的工业，为此，罗斯福政府在 1933 年 6 月又通过了《全国产业复兴法》。该法增加了兴建公共工程的内容，在该法第二章中明确指出要成立公共工程管理局，并同意拨款 33 亿美元投资于公共建筑，以便使"尽可能多"的人就业。为了使这笔庞大的拨款用在刀刃上，罗斯福任命内政部长伊克斯主持公共工程局。伊克斯一直持这样一种观点，"从长远来看，解决失业问题的最佳途径是对私人企业实行补助，发动他们来从事大规模的、能迅速胜利还本的建设工程。"② 加之伊克斯是一个极其谨慎、诚实的人，为了不使这 33 亿美元有一分钱被盗窃或浪费掉，他规定了严格的效率标准，即：第一，公共工程必须具有一定的有用性和社会价值；第二，工程项目要选择原材料容易获得、交通便利的地区；第三，尽量选择需要原材料、设备较多的项目，以带动其他部门的发展、雇佣更多的工人就业；第四，合理选择公共工程开工建设时间，以起到反经济周期的作用；第五，参照市场价格，尽可能以较低的价格采购工程项目所需要的原材料和设备；第六，严格意义上

---

① 昌忠泽：《罗斯福新政中的公共工程投资能够为中国提供什么借鉴?》，《中国软科学》2005 年第 12 期。

② 舍伍德：《罗斯福与霍普金斯》，福建师范大学外语系编译室译，商务印书馆，1980 年，第108 页。

的公共工程应该雇佣熟练劳动力就业，以保证工程质量；等等①。总之，要以最低的成本建设最好的项目，符合条件的"有用公共工程"才有资格列入开工建设的公共工程名册，宁缺毋滥。在这种标准的指导下，伊克斯仔细审阅了所有的工程细节，严格注重资金的使用效率，周密计划，审慎安排，资金投向的"有用公共工程"项目主要有：干线公路、公共建筑以及其他公有设施的建造、维修和改善；水土保持；廉价住宅和贫民区的清洁以及"任何其他以前由公家兴办从事或接受公家援助兴建并以为一般群众服务为目的的工程项目"②。但由于公共工程局的工程计划中使用大规模的重型耐久材料的项目较多，因此材料费用远远超过救济失业人员所需的费用，同时伊克斯行动又过于迟缓和慎重，公共工程局在 1933 年底没能扭转失业严重的局面，也未能有效地刺激消费、促进基本商品工业的复苏。公共工程管理局陷入官样文章的困境之中，到 1934 年冬季，千百万个家庭仍就业无望，面临极端贫困③。在这种客观形势下，罗斯福在哈里·霍普金斯的建议下成立了国民工程管理局。

3. 国民工程管理局（CWA）。1933 年 11 月 8 日，哈里·霍普金斯会见了罗斯福总统，对经济危机与失业问题阐述了自己的看法。在这次会见中，霍普金斯极力劝导罗斯福总统发起新的、规模巨大的以工代赈新工程——一种直截了当的简单的公共工程计划，用以救济四百万失业者。为了达到立竿见影的效果，以帮助失业者度过 1933 年冬季，罗斯福政府迅即组建了国民工程管理局。该局是罗斯福试图把工作救济的优点和传统公共工程的优点，即把"资金迅速转移到受益者手中"和对"公共资金的有效使用"相结合起来的最早的一次尝试。罗斯福认为，公共工程管理局成效甚微，因为计划的过程不可避免地要花费大量的时间，而联邦紧急救济署为了能迅速救济失业者又

① 昌忠泽：《罗斯福新政中的公共工程投资能够为中国提供什么借鉴？》，《中国软科学》2005 年第 12 期。

② 陈共、昌忠泽：《美国财政政策的政治经济分析》，中国财政经济出版社，2002 年，第 87 – 137 页。

③ ［美］阿瑟·林克、威廉·卡顿：《一九〇〇年以来的美国史》（中），刘绪贻、王锦、李世洞等译，中国社会科学出版社，1983 年，第 54 页。

过于关心没有价值的计划，造成低效率。霍普金斯领导下的国民工程管理局并没有达到罗斯福所期望的目标，失业、贫困、购买力低下、市场疲软问题仍然没有得到彻底解决，因此也遭到了共和党人对这种工程浪费的大力指责。国民工程管理局仅仅存在了 3 个半月，就被取消，1934 年初被改为隶属于联邦紧急救济署。但是从迅速提供就业机会方面来看，国民工程管理局还是取得了一定的成功的。该局提供的就业岗位非常广泛，从道路、机场、学校、运动场、游泳池到污水处理及虫害治理，所提供的就业机会连作家和画家等艺术家都包括在内。投资 4 亿美元兴办的临时性救济公共工程，在 30 天内迅速为 400 万男女找到了工作，使人们勉强解脱了冬季严寒和匮乏之苦，给疲软的经济注入了 10 亿美元的购买力，极大缓和了人们对社会和政府的不满。

4. 工程发展署（Works Progress Administration）。成立于 1935 年 5 月 6 日，霍普金斯被任命为局长，负责将不能就业者和穷人转到地方救济名册中去工作。同时该发展署被授权开展小型工程项目，准备将 500 多万无业的劳动力投入到工程中去。该署在名称上没有使用"救济"和"公共"之类的词，而是用了"发展"一词，以避免他人的责难和非议。其目的是双重的，一方面更加注重工程的有用性和建设效率，另一方面帮助失业者以最快的速度从靠救济过活"发展"到在私人部门就业。霍普金斯一直相信假如私营企业不能提供职业，政府就有责任提供。他把工程发展署看作是对公民履行社会义务的工具①，因此该署力图要把公共工程和工作救济的优点结合起来。然而在实际实施中，该发展署的工作更接近于救济，因为它用来提供最大可能的直接就业。该署建设的工程一般都是规模较小的、具有生产性质的工程，主要雇佣非熟练和半熟练劳动力。受雇失业者一般能得到较为稳定的工作，获得高于救济但略低于"通行标准"的工资，这样可以使他们有工可做，并通过消费工资促进企业复苏。工程的选择比较灵活，当雇员流到私人部门就业时，工程随即逐渐停止。在工程发展署存在的几年里，其工作成就价值重

---

① ［美］阿瑟·林克、威廉·卡顿：《一九〇〇年以来的美国史》（中），刘绪贻、王锦、李世洞等译，中国社会科学出版社，1983 年，第 67 页。

大：从社会角度来看，从 1935 年到 1941 年该署平均每月用工达 211.2 万人，耗资 113.65 亿美元，兴办了 25 万个工程项目；到 1943 年 6 月工程发展署结束其活动时，它共为 800 多万失业者提供了工作职位，大大消除了从前领失业救济金的几百万人的不满。从经济角度来看，工程发展署根据客观需要兴办的一些专项公共工程，如住宅工程、电气化工程等为美国走出萧条、日后走向复兴繁荣道路做出了巨大贡献。从政治角度来看，工程发展署的救济工作，消除了失业工人对社会的不满，稳定了社会结构与统治秩序，再一次增强了人们对资本主义制度的信任；而那些受到工程发展署救济的工人及其家庭成员在民主党罗斯福进行第二次选举时对其也给予了积极支持。

4.2.2 公共建筑工程的特点与影响

新政时期的公共工程事业不仅规模大、涉及范围广、成效高，而且还有其他一些值得注意的特点。

第一，新政时期的公共工程计划以财政赤字拨款为基础，以建筑行业为龙头，在救济失业与贫困、刺激经济恢复过程中起到了重要的杠杆作用。在罗斯福看来建筑业是"一个对从水泥到电器等其他行业有着不可估量的影响的行业"，因而，新政时期从公共工程管理局到国民工程管理局，再到工程发展署，他们所主持的公共工程项目尽管有长期规划的目标与临时救济性的目标的区别，但大多是修筑学校、医院、图书馆、住宅、办公大楼、铁路、车站、公路、港口、桥梁、机场、游戏场、体育场、剧院等建筑项目。在以建筑业为主的公共工程刺激下，与其相关的各种行业也有了活力，这在经济上"对于 1935～1940 年间走向复兴的实质性进程作出了巨大贡献"。

第二，新政时期公共工程计划在管理方面形成了综合性管理与专项管理相结合的特点，保障了重点公共工程事业的发展，取得了令人瞩目的成就。由于综合性的公共工程管理机构难于对每项工程面面俱到，所以，一些重点工程项目需要独立出来着重建设。为此，新政期间除早期设立的田纳西河流域管理局，还设立了农村电气化管理局、重新安置局、联邦住宅建筑管理局、土壤保持局等专项管理机构负责专项工程，并先后都取得了比较令人满意的成就。仅就农村电气化管理局来说，从 1935 年到 1941 年其使农村电力拥有量由 11% 提高到 40% 以上，"彻底改变了乡村生活"，对发展农业生产力有着十分重要的意义。

第三，新政时期的公共工程计划中特别注重对青年人、知识分子和技术人才的保护。青年是国家的未来，但他们"成长起来就碰到闭门羹"。由于经验和技术上的原因，他们比其他群体更难就业。罗斯福不仅针对青年人成立了民间资源保护队，而且在 1935 年实施以工代赈的公共工程计划时，成立了专门帮助青年就业的全国青年总署，其到 1940 年底雇佣了将近 750 万名青年男女。对知识分子和技术人才的保护则体现在民用工程局在短短的 3 个月内雇佣了 5 万名教师在乡村办学、在城市搞成人教育班，还雇佣 3000 多个美术工作者和作家、组织歌剧艺术家到乡村巡回演出。特别是国民工程管理局明确在其公共工程计划中设立了联邦戏剧计划、联邦艺术家计划、联邦作家计划，用以解决各类知识分子和技术人才的就业与贫困问题。上述措施，保证了文化艺术教育，保护了技术方面的人才，促使许多优秀的文化作品产生，开展了前所未有的艺术活动。

第四，在兴办公共工程救济失业与贫困的过程中注意消除它对失业者在精神上的消极影响，保护劳动者的自尊心和自力更生意志也是新政时期公共工程计划的重要特点。罗斯福说："我们不仅要使失业者的肉体免受饥寒，而且还要维护他们的自尊心、他们的自力更生的意志、他们的勇气与决心。""给些现金，给些商品篮子，给每星期在公园里干几小时剪草、耙落叶或捡纸片等工作的机会"。所以，他取消民用工程局临时救济性公共工程，而实施"以工代赈"的公共工程计划。这对于保护和调动失业者自力更生精神而不致意志消沉、振兴国民精神是有益的。

第五，把公共工程项目和工作救济项目的优点结合起来。标准的公共工程项目如大型基础设施（道路、机场、港口等）能带动原材料工业、设备制造业的发展，工作救济如新政中的民间资源保护队则能创造直接的就业效应。

选择什么样的项目,涉及两种效率观的取舍。前者能以最低的成本提供最好的工程项目,后者则能以最快的速度提供尽可能多的就业和产出。罗斯福政府将两者巧妙地结合了起来,并把公共工程和工作救济长期效应和短期效应结合在一起。民间资源保护队、联邦紧急救济署直接救济计划,提供了临时性就业,缓解了人口就业压力,使人们温饱问题能够得到解决;而大型公共工程项目,如修筑水利工程、修筑公路等则既部分地解决了需求不足的问题,又增加了有效供给。

此外,公共工程计划的立法,打破了对黑人的种族歧视。这些都是新政时期公共工程计划的重要特点。

4.3 "以工代赈"政策评析

4.3.1 扩大就业,促进生产

联邦政府的以工代赈工程虽然没有彻底解决失业问题,但是在帮助成千上万的失业者度过大萧条的艰难时光上发挥了难以泯灭的作用。第一夫人埃莉诺·罗斯福曾在 1935 年的一次记者招待会上指出:"在过去的两年里最大的成就是国家在思想方面的巨大变化。不知不觉我们终于承认了政府有责任保护弱者。我也认为,尽管遇到了许多批评,然而救济管理部门已经取得了巨大的成就。"实施大规模以工代赈工程后的第一年即 1934 年,美国失业队伍减少了 200 多万;1935 年,失业率从 1933 年的 24.9% 下降到 20.1%;1937 年,美国的失业人数降至 500 万(见图 1)。

就业人数的增加,意味着工人可以拿到工资与津贴。随着劳动人民生活的逐步改善,其购买力也日渐提高,从而有效地刺激了商品生产,进而推动了美国经济的复苏。1936 年的国民收入为 1933 年的 150%,以《纽约时报》为例,1936 年 5 月,它的商务活动指数上升到 100,这是自 1930 年以来的第一次;1933 年公司利润表显示有 20 亿美元的赤字,到 1936 年时已变为盈利

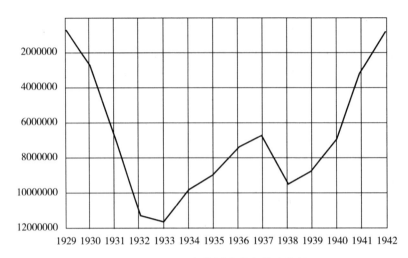

图1　1929～1942年美国失业人数变化情况
（转引自：曾贵《罗斯福新政的就业工程及启示》，《湖南商学院学报》2009年第
6期。）

50亿美元①。

4.3.2　功在当代、利在千秋

通过实施以工代赈，不仅使大萧条时期的经济得到恢复，还有益于日后经济的发展。社会经济生活中所需要的劳动力数量是一定的，在这种情况下，就需要寻找其他突破口来解决失业问题。大规模建设公共工程不仅可以提供大量岗位给失业工人，以解决失业问题，而且"功在当代、利在千秋"，这些公共工程往往对日后经济与社会的发展提供了基础。纽约市区的三区大桥1932年因为缺乏市政资金而成为烂尾工程，在工程发展署的资助下重新开工，由此救活了宾夕法尼亚州的钢铁厂、密西西比河流域的水泥工厂和太平洋沿岸地区的木材厂。1936年大桥建成时，联邦政府在债券的销售上获利150万元。另外，从下水道系统、船舶掉头区、自来水厂、民用礼堂、中小学和大学建筑，到贫民窟的清理、模范住宅以及农场到市场的公路和校车公路……这些都是工程发展署的建设项目。这些项目大多为基础型耐用设施，不仅解

---

① 威廉·洛克腾堡：《罗斯福与新政》，朱鸿恩、刘绪贻译，商务印书馆，1978年，第302页。

决了当时的失业问题、促进了经济的发展，还为日后社会的发展提供了物质设施基础。另外，1933～1935 年在以工代赈计划下，修建了 50 多座军用机场，帮助军队铺设了 74000 英里的战略公路，为飞机设计师建造了一个风洞，拨出了 1000 万美元用于更新军火和改造兵工厂，在海军的监管下投入了 2.37亿美元用于建造军舰。这些措施在不久到来的第二次世界大战中发挥了极为重要的作用，为美国取得战争的胜利提供了巨大装备保障。同时，大兴公共工程，实际上也是对宏观调控手段中的财政政策的一种运用。表面上看，许多公共工程，比如对于田纳西河流域的治理等并非当务之急，但事实上这是一种财政扩张手段。当时，美国经济面临的现实是有效需求不足、劳动力供给过剩；而大兴公共工程建设，既解决了当时的就业问题，又能为日后提供有效供给，无疑是一举两得的美事。

4.3.3 保护人力资源，振兴国民精神

美国史学家舍伍德曾经评价以工代赈工程时讲道："它从毁灭的边缘拯救了失业工人本身的一切，这包括他们的自尊心和他们的爱国主义精神，最重要的还有他们的生产技能。"[1] 受基督教道德和社会达尔文主义的影响，当时美国大部分人都认为，"贫穷是穷人自己的过错，失业是由于人们不愿意工作"，因此失业者往往自行羞愧，对于广大美国人来说，他们宁愿去"耙枯叶"，也不愿去排队领取施舍物或者食品券[2]。经济危机造成的大规模失业对美国民众的精神状况也产生了极为消极的影响：失业者总是"一副绝望的神情""这不仅是饥饿使他们感到痛苦，他们的民族自豪感与自尊心也受到了严重的损害和极大的侮辱"，"得天独厚的美国人从来没有如此大规模地堕入贫穷的深渊，也从来没有如此丧失过自信与自尊"[3]。面对经济危机造成的大量失业，罗斯福对失业者充满同情，特别注意到"在救济工作中，我们是同有

---

① 舍伍德：《罗斯福与霍普金斯》，福建师范大学外语系编译室译，商务印书馆，1980 年，第117 页。
② 舍伍德：《罗斯福与霍普金斯》，福建师范大学外语系编译室译，商务印书馆，1980 年，第144 页。
③ Alan Brinkley, Richard N. Current, Frank Freidel, T. Harry Willams, *American History: A Survey.* New York: McGraw - Hill, Inc., 1991, p. 776.

相当自尊心的美国人打交道。对于他们来说，单纯的施舍会伤害要求保持个人独立的一切本能。大多数美国人都想为他们所得到的东西付出一点什么，这里所说的一点什么，指的就是老老实实的工作，这种工作正是防止他们精神上颓废的屏障"。因此罗斯福政府除为了应急而采取的直接救济外，主要推行以工代赈。使广大失业者再次上岗获得较为长久的工作，不仅使失业者的肉体免受饥寒，还维护了他们的自尊心与自信心，使他们能够自力更生，通过自己的双手去创造财富。"这给年轻的美国提供了它从未有过的心灵和精神成长机会，把美国的灵魂重新领回到生活的乐趣中去。"①

另外，以工代赈工程的施舍还锻炼了美国劳动者的体质与生产技能。以民间资源保护队为例，在 30 年代负责征募民间资源保护队队员的陆军部的体检报告中，经常会出现"体重太轻、营养不良、发育不全"等一类的词语，30 年代晚期外科军医处对 10 万名申请入队队员的身体检测结果显示，大约有75% 的申请者体重不符合要求，并且患有多种疾病。但在参加了一段时间的资源保护工作后，这些青年的身体发生了很大变化，先前用来形容他们健康状况的词语已经改为"体格健壮""皮肤黝黑"等词汇。民间资源保护队队员在劳动中增强了体质，锻造了吃苦耐劳的精神，恢复了对自身的自信心。

同时，以工代赈工程中涉及不少专业知识，劳动者们在参加了这些工程后获得了相关知识，在某种程度上相当于得到了职业培训。如参加环境保护工程的工人们获得了有关自然的知识，学会了欣赏自然，懂得了资源保护的法则和欣赏自然的愉悦，这为战后环境保护主义运动的兴起奠定了思想与人文基础。而修筑桥梁铁路等工程的工人们，在这些工作中也获得了相关知识，为以后从业提供了良好的知识背景。

另外，罗斯福政府实施的以工代赈工程还为后来的美国政府解决经济危机中的就业问题提供了历史经验。如 2009 年的世界性经济危机中，美国新任总统奥巴马为缓解严峻的就业压力，就借鉴了"罗斯福新政"就业工程做法。在奥巴马的积极倡导下，3.5 亿美元救市预算案于 2009 年 4 月 2 日获得国会

---

① 舍伍德：《罗斯福与霍普金斯》，福建师范大学外语系编译室译，商务印书馆，1980 年，第145 页。

通过。救市资金主要用于新建铁路、电厂等公共工程,目的在于增加就业、复兴经济,这一措施也取得了一定成效。

总之,在失业现象严重、社会动荡不安的大萧条时期,罗斯福政府实施的以工代赈工程实际上是美国政府运用收入再分配和公共投资手段对经济进行的一种干预。这一计划在实施救济的同时强调帮助贫困者发挥自己的潜力。这一项目的实施不仅缓解了失业问题,还有助于改善整个社会的基础设施与社会服务;而基础设施的建设又拉动了其他经济项目的增长,进而增加了工人们的工资收入。生活上的满足使工人们对社会的不满与怀疑也逐渐减少。可以说,以工代赈工程把救济、增长和发展有机地结合在了一起,为美国成功走出大萧条、消减劳资矛盾与社会矛盾奠定了基础。

第5章　罗斯福时期美国劳方与资方的新变化

美国历史学家艾伯特·布卢姆（Albert A. Blum）曾经指出：新政以前，资方对待劳工的态度是"通过庞大的公共关系计划，运用工人间谍、黑名单、黄狗契约（工人与雇主签订的为取得与保持工作宣誓不参加工会的契约）破坏罢工者，工贼以及……催泪弹与军火武器以对付试图组织工会的工人等办法，严厉打击劳工组织。对许多董事和总经理来说，工人是像机器一样的商品，他们对待工人也像对待商品一样"①。而对于这样的劳资关系，原来的美国政府一般实行自由放任的政策，对其放任不管或者站在资方一边，社会分成劳资两极。20 世纪 30 年代大危机以来，严重的社会萧条、恶劣的生活工作条件使劳工再次激进起来，纷纷进行罢工反抗，社会日益动荡不安。罗斯福上台后认识到采取以往的镇压政策，不仅不能给广大民众以益处，也不能缓和危机、促进美国发展，更谈不上维护资产阶级的统治。因此为了挽救垄断资本主义制度，罗斯福积极倡导实施新政，制定和出台了大量劳工立法，抛弃了对资方一味支持的态度与做法。这些行动使美国新政前旧的劳资关系发生了改变，促进了美国劳工运动的发展、工人阶级力量的壮大，并最终使劳、资、政府三方格局形成。

5.1　工人运动的发展与工会力量的壮大

20 世纪 20 年代到 30 年代上半期，由于工业化的进一步发展，资本集中

---

① 刘绪贻：《20 世纪以来美国史论丛》，中国社会科学出版社，2001 年，第 63 页。

程度越来越强。在这种条件下，产业工人也得到了进一步集中；特别是随着石油、电力工业的开采与发展，汽车、钢铁等工业也逐步发展起来，这些工业中半技术工人和非技术工人占多数，导致产业工人结构逐渐发生变化：原有的工会组织形式日益不符合工人发展的需求。1929 年底开始的经济大危机把广大工人一下子抛入了一贫如洗的深渊，为改善生活条件与工作条件，广大工人们迫切要求组织起来进行维权斗争。1933 年富兰克林·罗斯福入主白宫后，抛弃了前任总统胡佛的自由放任政策，为了复兴经济、稳定社会，罗斯福政府除了对失业者实施直接救济与以工代赈政策外，还颁布与实施了一系列有利于维护劳工权益的劳工立法与劳工政策。如 1933 年的《全国产业复兴法》第七节、1935 的《社会保障法》、1936 年的《全国劳工关系法》和1938 年的《公平劳动标准法》。特别是《全国劳工关系法》摒弃了联邦政府敌视工会、镇压工会的政策，承认工人有组织工会和进行集体谈判且不受雇主干预的权利。集体谈判权是工人和劳联一直不断争取的权利，主要是通过工会与雇主及其代理人围绕提高工资、改善工作条件而谈判，以使雇佣工人获得比较有利的条件。《全国劳工关系法》对这一权利的承认直接推动了工会会员的增多与产业工会联合会（简称"产联"）的建立，产联在美国工人运动史上第一次不分种族、民族、宗教、性别地把大量非技术与半技术工人组织起来，并为争取更多权利而斗争，推动美国工人运动进入了一个新的发展时期。

5.1.1　工会的迅速发展

5.1.1.1　20 世纪 30 年代美国工人状况发生变化

　　20 世纪 30 年代美国工人阶级随着资本主义大工业的发展，内部结构也逐渐发生了变化，工会形式已不适应工人运动的发展。

　　第一，资本主义大工业集中生产的发展造成了产业工人的集中。20 世纪20 ～ 30 年代，资本集中继续发展。1929 年 200 个大的非金融性公司拥有所有金融公司的 42%～ 50% 的股份，到 1933 年则增至 60%～ 65%；资本的集中使生产得以集中，生产的集中造成了产业工人的集中。据记载 20 世纪 30 年代中期，大多数工人聚集在大型的技术装备精良的雇佣工人 500 人以上的大企业中。1935 年在制造业中共有 167 916 个企业，其中雇佣 100 人以上的大企业有 13 568 个，只占制造业企业总数的 8%，但却雇佣了 5 087 627 个工人①，达到了制造业的工人总数的 70% 。

第二，第二次工业革命后，汽车、石油、无线电工业的发明与应用，使航空、化工、汽车制造、重型机械制造等工业迅速兴起，并逐渐成为美国经济的重要工业支柱。这些部门的企业大多为批量生产部门，集中了大量产业工人。由于泰勒制的创造，流水线作业日益普及，大量非技术和半技术工人被雇佣到生产中来。工人内部结构逐渐发生变化，技术工与熟练工的主体地位日益被非技术和半技术工人所代替。1930 年，技术工人有 6 426 000 人，1940 年减为 6 203 000 人，而半技术工人同期则由 7 691 000 人增至 9 518 000 人，非技术工人由 5 375 000 人稍降至 4 879 000 人②。总体来看，半技术与非技术工人的总数远远大于技术熟练工人，而这些人大多为未加入工会的工人。以技术工人和熟练工人为基础的按行业组织起来的工会已不适应工人的发展，新变化迫切要求工会运动把半技术及非技术工人按产业结构组织起来。

第三，经济大危机的爆发，使广大工人遭受的灾难最为深重，他们在职业上和物质上提高的希望被突如其来的大萧条打得粉碎。这种打击多少把不同民族不同性别的工人都团结到一起。一位目睹工厂工人大罢工的人指出："新型的妇女在罢工中诞生。""只是在昨天，妇女们还害怕工会主义，对于演说、领导工作的任务还感到自卑，而仿佛一夜之间他们成为争取工会主义斗争的先锋。"③ 工人状况发生变化，工会组织却处于落后阶段与低潮期，已不适应工人运动形势发展的要求。20 世纪 20 年代政府坚持自由放任主义，在处理劳资关系时往往站在资方一边，对劳方实施镇压政策，这导致美国工人运动一直处于低潮期。许多美国劳工运动学者对这一时期作出这样的评价。如

---

① 张友伦、陆镜生：《美国工人运动史》，天津人民出版社，1993 年，第 633 页。

② *Historical Statistics of the United States Colonial Times to 1970*. Washington：Bureau of Census, pp. 76 – 77.

③ 张友伦、陆镜生：《美国工人运动史》，天津人民出版社，1993 年，第 634 页。

据欧文·伯恩斯坦研究，1920 ～ 1933 年间，"是工会走向衰落和集体谈判几无影响的时代。""当富兰克林·罗斯福就任总统时，劳工运动处于一种绝望的状态。"当时一位主要劳工运动学者乔治·巴尼特甚至认为："没有理由相信美国工会将使自己革命化……到一种程度，从而在未来的十年中，变为比过去十年更有影响的社会势力。"①

5.1.1.2　罗斯福政府政策刺激了工会发展

《全国产业复兴法》是美国联邦政府制定的第一个适用于各行各业的，认可工人组织工会和集体谈判权利的立法。它要求资方不得干涉工人组织工会和行使集体谈判权，也不能以加入公司工会作为雇佣条件，并且规定了资方要保证最低工资、最高工时与改善劳动条件。尽管实施有其不尽人意之处，但毕竟开了政府遏制资方、改善工人状况的先河。随后，1938 年出台的《全国劳工关系法》弥补了《全国产业复兴法》的不足，更加详尽和完善的规定了工人们享有的权利，并增强了立法实施的可行性。这些法律的通过，极大地鼓舞了工人群众的热情，如齐格尔在评价《全国产业复兴法》时所提到的："尽管国家复兴管理局无疑是倾向企业界的，但它的建立给千千万万工人带来希望，《工业复兴法》第七节第 1 款答应给予工人的保护也刺激了工会的组织活动。"在政府的默许与保护下，代表工人的工会力量最先得到了发展，不论是从数量还是规模上都得到了壮大，尤其是产联的建立更是大大推动了工人阶级和工会力量的增强。

从工会组织的规模来看，这一时期加入工会组织的会员人数急骤增加，"美国工会会员数由 1933 年的 2 973 000 人，增至 1934 年的 3 608 000 人；1935 年估计增至 3 868 600 人，在劳联中有 1/3 以上的工会增加了会员，1/4 以上的工会增长一倍会员。国际妇女服装工人工会曾发动了全国性组织活动，在一年内会员数增长了 3 倍，达 29 万人；联合矿工工会 1933 年至 1935 年间由 6 万增至 50 多万人；联合纺织工人工会会员增加近 2 倍，达 79000 人，

---

① 刘绪贻：《20 世纪以来美国史论丛》，中国社会科学出版社，2001 年，第 63 页。

混合成衣工会会员数达 115000 人。"① 美国劳动力的组织程度有了显著提高（见表 4）。

表 4 1900～1940 年间美国劳动力的组织程度（单位：%）

年份	工会会员占全部劳动力的比例	工会会员占非农业雇员的比例
1900	2.8	5.2
1910	5.7	9.8
1920	12.1	18.4
1930	6.8	11.6
1940	15.5	26.9

（资料来源：美国劳工部、劳工统计局《劳工统计手册》，转引自梁晓滨《美国劳动市场》，中国社会科学出版社，1992 年，第 79 页。）

从工会组织的数量来看，这一时期大批产业组成各种各样的工会。据统计，"在《全国产业复兴法》实施期间，在诸如汽车工业、橡胶工业、铝工业等大批量生产的工业部门，成立了 1100 个联合工会和地方工会。"② 在这些工会中影响力最大的是产业组织委员会（即产联）的成立。

5.1.2 争取集体谈判权与产联的建立

5.1.2.1 争取集体谈判权的斗争

工会组织规模和工会数量虽然在美国联邦政府劳工政策的刺激下有了大幅度的提高，但是和当时美国 3000 万～4000 万工人的总数相比起来仍然微不足道。另外，《全国产业复兴法》的执行和制定之间也存在很大差距。一方面，负责执行该项法律的官员亵渎执行劳工条款。例如，全国复兴署的署长休·约翰逊于 1933 年 12 月 8 日与全国制造主协会的资本家谈话中说："根据该法我们授权对同业团体之间积极地和直接地推动组织工业进行合作行

---

① Mitchell, Broadus, *Depression Decade ：from New Era Through New Deal*, 1929 — 1941. Armonk, N. Y. ：M. E. Sharpe, 1975, p. 270.

② 杨思斌：《大萧条时期美国集体谈判制度的建构及其启示》，《南阳师范学院学报》，2010 年第 4 期。

动……但对于劳工，我们没有这样的授权。劳工在这里得到的唯一的东西是组织的权利（如果劳工愿意）。"① 另一方面，《全国产业复兴法》第七节第一项虽然重申了雇员有集体议价的权利，但没有强使雇主承认这样的代表的责任。这导致许多公司拒不承认工人创立的工会，相反还往往采用狡猾的手段成立自己公司的工会，用以破坏工人自己独立自主成立的工会。公司工会的发展速度甚至在某些时间超过了工人工会的发展规模，1935 年公司工会有390 个，其中 2/3 是在 1932 年以后成立的，公司工会的会员数量在 1933 为126 万人次，到 1935 年时已达到 250 多万人，增加了近一倍。雇主除了用公司工会来抵制工人工会外，还在制定本公司的规约时无视劳工利益，甚至拒绝执行政府的劳工条款。比如，纺织工业的规约将最低周工资定为北方 13 美元、南方 11 美元，这比 1933 年制造业中的平均周工资还要低 3.73 美元。汽车业的雇主在制定本工业的规约时声称："汽车业的雇主有权在个别的基础上选举、保留和提升雇员，而不论他们是或不是任何组织的成员。"② 由于美国政府劳资政策的制定与执行之间存在很大差距，加之资本家雇主又无视和破坏工人组织工会的权利，最终导致了工人们争取集体谈判权的罢工浪潮。

《全国产业复兴法》签署以后，在短短的 6 个月内，就发生了 1695 次罢工，参加工人数达到 1 117 000 人次。1934 年罢工浪潮更为高涨，共发生罢工1856 次，参加罢工的人数达到 150 万，大多数罢工的原因都是要求资方承认工人工会③。在这些罢工当中，最为重要、影响力最大的是 1934 年的俄亥俄州托莱多汽车零件工人罢工、旧金山码头工人罢工、明尼阿波利斯卡车司机罢工和东海岸纺织工人罢工。这几次罢工中有三次是左派领导的，美国共产党在其中起到了积极作用。

1934 年 2 月劳联所属的一个新成立的汽车工人联合会分会要求电动车灯公司增加工资并承认其组织，在美国共产党、美国工人党及其所属失业工人

① 张友伦、陆镜生：《美国工人运动史》，天津人民出版社，1993 年，第 639 页。
② Art Preis, *Labor's Giant Step, Twenty Years of the CIO*. New Yrok：Pioneer Publishers，1964. p. 15.
③ ［美］布卢姆·J 等：《美国的历程》，杨国标、张儒林译，商务印书馆，1989 年，第 56 页。

组织和兄弟工会的大力支持下，这一罢工在 5 月间达到高潮，史称"俄亥俄州托莱多汽车零件工人罢工"。法院发出禁令，禁止罢工，但这丝毫没有削减工人们的热情，近一百个地方工会的一万名工人在托莱多城游行示威，支持罢工，成为俄亥俄州历史上和平时期最大的一次武力炫耀。国民警卫队以武力进行了镇压，将罢工工人撵出汽车工厂的住房，并杀害了两名工人，打伤多人。后来由于联邦政府的干预和慑于工人力量，电动车灯公司于 6 月 4 日接受了工会要求增加工资的要求，并承认了该工会。

与此同时发生的还有明尼阿波利斯卡车司机罢工。明尼阿波利斯是美国中西部著名的开发工厂城市，该市工厂大部分控制在由雇主组成的公民联盟手中。该联盟经常采用各种卑鄙的手段阻止工人成立自己的工会。1934 年 5 月，"劳联"的运输工人国际兄弟会的第 574 号司机地方工会，为取得雇主承认工会及其劳工条款规定的其他权利，领导 5000 名工人发动罢工，并得到了该城市其他工业部门工人的支持。经过 4 个月的艰苦奋战，8 月 22 日，在联邦政府的调停下罢工取得胜利。公民联盟被迫承认卡车司机及其公司内勤人员有权组织自己的工会、提高工资，并有派代表与雇主进行集体谈判的权利。

在俄亥俄州托莱多和明尼阿波利斯的罢工取得进展的时候，太平洋海岸爆发了旧金山码头工人大罢工。1919 年以来，旧金山的劳资关系一直控制在由雇主组成的旧金山工业协会这个公司工会手上，在不断遭受雇主的严酷剥削与压榨后，码头工人逐渐意识到组建自己工会的重要性。《全国工业复兴法》通过以后，太平洋海岸的工人们逐渐退出了公司工会，组成了一些地方工会，并加入了劳联的码头工人工业协会。但这些行动遭到了雇主的拒绝。在 1934 年 5 月，旧金山的码头工人发动了罢工，此次罢工迅速席卷了从加利福尼亚州南部至华盛顿州北部的广大地区。5 月下旬，劳联下 10 多个为得到雇主承认的工会参加了进来，整个西海岸航运处于停顿状态。随后，海运工人成立了以哈里·布里奇为首的、遵循美国共产党路线的联合罢工委员会。7 月 3 日，旧金山工业家协会开始镇压罢工，7 月 5 日，警察枪杀了两名工人，打伤一百多人，史称"流血星期四"。这一事件直接激起了广大工人的强烈反抗，旧金山工人为了抗议警察和公司工会的暴力行为，在 7 月 14 日举行了总罢工，参加这次总罢工的有 160 个工会的 127 000 名工人，罢工曾一度使旧金山陷于瘫痪状态①。7 月 18 日罢工逐渐结束。广大工人获得了部分权利：组织得到承认，所有罢工者重新被雇佣，工资得到适当提高，工时缩短。这次罢工对全美的工人运动都起到了鼓舞作用。

《全国工业复兴法》通过之前，工会在纺织工人中的影响不大，会员也很少，只有 15 000 人到 20 000 人，而该行业中的雇员总数要达到 40 万～50 万。《全国工业复兴法》颁布后，工人工会在纺织行业中发展迅速，到 1934 年，工会会员总数已达到 30 万②。1934 年 9 月，为争取资方承认工会，劳联下属的工人工会——纺织工人联合会决定发动全行业的总罢工。但是由于联合会拒绝左派政治团体的帮助，不能形成全州和全市的罢工，雇主勾结地方政府对这次罢工进行了残酷镇压，大概派了 4 万名国民警卫队员和警察、保安人员对罢工进行破坏，由于力量悬殊，罢工最终失败。

这些罢工在工人团结一致的情况下取得了不同程度的胜利，捍卫了工人组织工会的权利和其他权利。大罢工打破了行业的限制，并深入到大批量生产的产业中，使罢工具有了产业性，并且有大量非技术、半技术工人参加，它推动了美国工人的新的组织工会运动的发展。

5.1.2.2　产联的建立

史学家拉尔夫·德·贝茨曾指出，"1933～1944 年是劳工迅速成长的年份，也是工人运动内部激烈冲突的年份。"③ 这一时期随着大工业的发展，行业工会原则逐渐行不通，以行业工会为基础的劳联已不适应工人运动发展的要求，但又拒绝吸纳产业工人，建立以产业为基础的工会，所以劳联内部的矛盾逐渐加大。最终导致了劳联的分裂，产联的建立。

大萧条以来，受害最深、最需要加入工会以争取和保护自身权利的，

---

① ［美］德怀特·L. 杜蒙德：《现代美国》，宋岳亭译，商务出版社，1984 年，第 198 页。

② ［美］美国劳工部劳动统计局编：《美国劳工运动简史》，邢一译，工人出版社，1980 年，第 102 页。

③ 拉尔夫·德·贝茨：《1933—1973 年美国史》（上），人民出版社，1984 年，第 180 页。

是非熟练工和半技术工人。1933 年《全国工业复兴法》颁发以后，积极发动罢工，争取建立工人独立自主工会权利的也大多是这一部分工人。这些工人组织的工会是按产业标准（将某一企业中的所有工人不分行业组织起来）划分的产业工会。劳联是当时美国最大的工会组织，1924 年塞缪尔·冈柏斯去世后，劳联领导权落入了以威廉·格林为代表的极端保守派中，他们一直坚持美国工会体系要以同业或同行业工会为基础，因此拒绝吸纳那些非熟练、半技术工人组织的以产业为基础的工会组织。对 1934～1935 年的罢工浪潮，他们也采取了不支持态度，甚至反对大力支持这些罢工的左派组织，特别是美国共产党。但是，劳联中也有少数领导人，如美国矿工联合会主席约翰·刘易斯、混合成衣工人工会主席西德尼·希尔曼等，已认识到吸收非熟练、半技术工人的重要性。同时刘易斯还乐于接受曾经帮助和组织这些工人进行争权斗争的美国共产党人的帮助。1934 年在旧金山召开的美国劳联代表大会上，约翰·刘易斯提出打破行业限制、吸纳产业工会的要求，他认为劳联应该加紧努力，尽快把成千上万的工厂工人也吸纳到工会组织中来，在钢铁、汽车、橡胶、水泥等大规模生产的基础工业中，组织产业工会。但劳联的大多数领导人对刘易斯的建议采取不理睬和敷衍的态度，拒不执行。1935 年 5 月美国国会通过《全国劳工关系法》，进一步从法律上明确了工人组织工会的权利。这更加坚定了刘易斯等人将基础工业中尚未组织起来的工人组织到产业工会中的决心。在同年 10 月的劳联大西洋城代表大会上，刘易斯等坚持建立产业工会的少数派指出，"劳联在 55 年的活动和努力以后，只从可组织起来的 3900 万工人中吸收了约 350 万人"很明显行业工会已不能适应工业发展的情况，而"产业组织是唯一的、工人能接受的形式或足以满足他们需要的形式"；因此，少数派建议"劳联应当承认工人组织产业工会的权利"。但是这些有关组织产业工会的建议遭到了否决。于是，刘易斯在希尔曼、杜宾斯基等工会领导人的支持下，以隶属劳联的矿工联合会等 8 个产业工会为基础，于 1935 年 11 月 10 日在大西洋城组建了"产业组织委员会"，委员会选举刘易斯为主席、霍华德为书记，制定了在产业基础上组织广大工人、建立产业工会的纲领，并发起产业工会运动。为进一步表明态度，刘易斯在 1935 年 11 月 23 日辞去了劳联副主席职务。劳联为反击刘易斯等人的行为，先于 1936 年 9 月以组织"双重工会和叛乱"为由，停止了最初组成产业组织委员会的 8 个工会的会籍，接着又在 1936 年 11 月召开的第 56 届年会上，在产业组织委员会代表缺席的情况下，暂停了产业组织委员会工会在劳联的会员工会资格。到 1937 年又将产业组织委员会开除出劳联。虽然此后约翰·刘易斯等人与劳联领导人进行过多次谈判，但均未能达成协议。在这种情况下，产业组织委员会遂于 1938 年 11 月在匹兹堡召开第一次代表大会，正式脱离劳联，改组为新的产业工会联盟，即"产业工会联合会"，简称"产联"。它的目标是，按产业工会的形式"组织所有工人，无论是黑人还是白人、熟练工人还是非熟练工人、男工还是女工、美国人还是移民"。约翰·刘易斯当选为产联第一任主席。

产业工会联合会（简称"产联"）成立后，刘易斯抓住新政时期劳工立法对工人组织工会权利施以保证的机会，动员工会组织者进行组织宣传："总统要你们加入工会。"[1] 这加速了工会成员数目的扩大，"工会会员在 1933 年尚不到 300 万，在 1937 年初刚超过 400 万，到年底已增至 720 万，到 1939 年则达 900 万。"[2] 产联成立后很快成了第二个工会运动中心，在它的领导下工人们在 30 年代下半期开展了更多的斗争，并在钢铁业和汽车业开展工会组织运动，迫使美国通用汽车公司和美国钢铁公司两个大的资本主义公司屈服，与工人们签订了合同，承认工人们的权利。

20 世纪 30 年代工会力量的壮大、工人运动的高涨对资产阶级产生了压力，迫使资本家不能用传统的反工会主义的手段来摧毁强大的工会。同时，联邦政府一系列有益于劳工的劳工政策，特别是劳工立法的实施为维护工人的权利提供了保证，为工会及其活动提供了法律保护，使雇主破坏工会组织的活动受到限制。这在一定程度上也就削弱了资产阶级的公司力量，使他们

---

[1] 刘达永：《罗斯福新政时期的美国工人动态分析》，《四川师范大学学报》1988 年第 1 期。

[2] 布卢姆·J 等：《美国的历程》，杨国标、张儒林译，商务印书馆，1989 年，第 408 页。

被迫接受工人们的一些合理要求。

5.2 资方的暂时妥协与新型企业管理制度的推行

20 世纪 30 年代劳工队伍的壮大，劳工立法的限制使商业界在美国社会中不再享有以前那种不容争议的首要地位。在大萧条的客观环境以及劳工与政府的压力下，企业界原有的强硬态度也逐渐发生了改变；他们逐渐意识到一味地打击与剥削不仅不能够带来利润，相反还会扩大损失。对于劳工的合理要求他们采取了妥协的做法。

5.2.1 资方对非公司工会的承认

在 1933 年《全国产业复兴法》颁布初期，钢铁业仍对其采取抵制的态度，对工人组织工会进行遏制，把 90% 的雇工组织在公司工会之中。但是随着工人力量的壮大，产业组织委员会等顺应了广大工人的要求，在诸如钢铁业、汽车业等大批量生产的工业部门开展了工会组织运动，工人产业工会组织纷纷建立。1936 年 6 月，菲利普·默里在钢铁工人中组成了大体由共产党领导的钢铁工人组织委员会，到 11 月各地钢铁工人纷纷脱离公司工会，加入钢铁工人组织的工会中，使钢铁业组织委员会人数猛增到 82 315 人。钢铁工人组织委员会提出要求钢铁公司承认其工会和进行集体议价的权利，如果钢铁公司拒绝他们的要求，他们决定举行钢铁工人大罢工。过去，钢铁公司总是依靠各州政府的军事帮助和联邦政府的道义支持来阻止这种趋势，但是劳工立法的实施、政府解决劳资冲突的态度与方法的转变，使他们得不到支持。在权衡利弊之后，美国钢铁公司的总经理和董事们为避免一次时间长、代价大的罢工，决定予以屈服。12 月开始，公司董事长迈伦·泰勒和约翰·刘易斯进行一系列会谈后达成协议：公司承认钢铁工人组织工会。最后，"卡内基－伊利诺伊钢铁公司——美国钢铁公司子公司的董事长本杰明·费尔利斯于 1937 年 3 月 21 日签订了美国劳工史上具有重大意义的合同，使 1901 年以来一直领导着在基础工会中阻止组织工会运动的公司屈服。协议规定：公司承认钢铁工人组织委员会，同意每小时工资增加 10 美分和每周工作 5 天、每周工作 40 小时以及每年有 1 周带薪假期。而钢铁工人组织委员会答应日后出现新的纠纷时，不付诸武力罢工，以协商和仲裁的方式解决。"① 不久，"所有美国钢铁公司的子公司都签订了类似合同，他们都同意承认钢铁工人组织委员会，增加工资 10%，每月减少工时为 40 小时，加班时工资加一半。"② 随后又在全国劳资关系委员会的协助下，另外一些小的钢铁集团各公司陆续承认工人工会。到 1937 年底，钢铁工人工会在全钢铁业取得了胜利。

另外，除了钢铁业外，纺织业、汽车业的资方都在广泛的压力下最终屈服，同意满足工人要求并承认工会，这在美国历史上可以说是极为罕见的。

20 世纪 30 年代，汽车工业主要由通用汽车公司、克莱斯勒汽车公司和福特汽车公司所垄断，共雇佣约 45 万工人。在汽车工业中，由于采取流水线作业，工人们常常是工资低、工时长，身心健康受到了极大影响。而这三个公司还都严格禁止工人工会，并通过使用工人密探破坏工人组织工会的行动。1935 年，劳联在汽车业工厂中建立的一些联合工会合并成立汽车工人联合会，1936 年该会加入产联。1936 年 12 月汽车工人联合会与通用汽车公司进行谈判，要求公司承认该工会的合法性，但遭到了通用汽车公司资方拒绝。面对这种情形，在联合汽车工人工会副主席、共产党人温德姆·莫蒂默的领导下，7000 名工人在通用汽车公司董事长所在地密歇根州弗林特的费希尔车体工厂举行静坐罢工。所谓静坐罢工，是指工人坐在机器旁，拒绝离开工厂的一种新型罢工方式。很快这种罢工蔓延到设有通用公司工厂的 14 个州，大约有 14 万工人参加了此次大规模罢工，占通用公司工人总数的 90% 以上。1937 年 2 月初，通用公司的多数雇员停止了工作，汽车的每周产量大幅度下降，由 12 月中旬的 53 000 辆降至 1500 辆。通用公司慑于工人的威力，害怕遭受更大的损失，于 2 月 11 日同联合汽车工人工会签订了协议，汽车工人提出的要求除

---

① 张友伦、陆镜生：《美国工人运动史》，天津人民出版社，1993 年，第 660 页。
② 张友伦、陆镜生：《美国工人运动史》，天津人民出版社，1993 年，第 683 页。

"只雇佣联合汽车工人工会会员"这一条件外，均得到满足。这意味着通用汽车公司承认了工人独立自主建立的非公司工会以及关于工时、工资和集体谈判的权利。

在对通用汽车公司的胜利鼓舞下，工会组织又把矛头对准了克莱斯勒汽车公司。1937年3月，他们在8个克莱斯勒汽车公司工厂进行静坐罢工，经政府调停，公司与工会双方签订了较为有利于钢铁工人联合会的协议。但福特公司一直对此不理不睬，1937年该公司付给工人的工资最低，还大量雇佣劳工密探和公司警察破坏新生工会。克莱斯勒汽车公司罢工取得胜利后，联合汽车工人工会就开始在福特公司组织工会，但受到了福特公司的激烈对抗，到1941年，在大趋势发展情况下，福特公司不得不作出妥协，承认与接受了工人们成立的非公司工会。

除此之外，这一时期美国的其他基础工业如纺织业、橡胶业也都在工厂中成立了工人联合会，比如产联的橡胶工人联合会、纺织工人联合会等，他们都积极开展了斗争，并与公司达成了协议、得到了公司的承认。

总体来看，新政时期，工人们成功地在这些曾经抵制了两代工人组织工会活动的大公司里组织了工会。劳资之间的斗争，虽然也产生了一些流血事件，但是在《全国工业复兴法》《全国劳资关系法》的保护下，更主要的是通过协商和谈判来解决问题，相比较而言，资方的力量在这一时期与劳方相比基本上处于下降趋势，资方也不那么倾向于使用暴力了。"30年代初那些（大规模生产的基础工业中）中层经理在做出雇佣（开除，提升工资、工时与劳动条件）的决策时，很少被迫认真考虑工会的要求"① 的情况发生了扭转，工人不再任意受资本家摆布，他们开始通过工会力量与资方抗衡。资方在失去了政府的广泛支持后其强大的地位也逐渐削弱，一些思想相对开明的大雇主也逐步意识到消灭工会、完全打击工人并不能一下子办到，既如此，与其与之针锋相对地斗争，不如部分地接受工人的要求，使他们变成具有"高度

---

① Alfred D. Chandler, Jr., *The Visible Hand: the Managerial Revolution in American Business*, 1977, p. 494.

合作精神的人"，以期最后达到提高工作效率、维护公司利益的目标。总之，随着国家政府政策的改变、劳资力量对比的变化，资方对劳方的剥削方式与程度也发生了变化，公司企业在自身力量相对削弱的情况下不再任意摆布工人，而是采取了妥协与安抚的政策，承认工会的权利，部分地实现工业民主，以争取能够更多、更好地赚取利润，维护自身利益。

5.2.2　战后《瓦格纳法》的修改与新型企业管理制度的实施

资方在大萧条时期，为了确保生产的继续和减少损失，对劳方斗争以及联邦政府通过的有利于劳方的一系列劳工立法采取了暂时的妥协。随着经济的逐步恢复，资方的反抗行动又再次反弹。为了抑制和削弱有组织的劳工运动，打击 1935 年颁布的《瓦格纳法》，第二次世界大战结束后，国会中的保守派结成联盟，采取了种种手段来镇压工人的罢工运动，起草和提交了各种各样的反劳工法案。其中最为著名的是 1947 年通过的对《瓦格纳法》的修正案，即《塔夫脱－哈特莱法》，它是由参议员罗伯特·塔夫脱为主席的参议院劳工委员会和以众议员小弗雷德·哈特莱为首的众议院教育和劳工委员会在集中了几百项反劳工法案内容的基础上炮制出来的。其主要内容有以下七项。

1. 完全重组国家劳资关系委员会。国家劳资关系委员会成员由原来的 3 人增加到 5 人，它有权发布"停止组织工会"的命令，或者请求联邦法院发布禁止罢工的禁令，拒不执行者可给予罚款。

2. 在集体谈判中应仔细遵循的法律程序。规定工会代表签订集体合同的权利应经过职工的秘密投票确认，投票结果应该由国家劳资关系委员会批准。

3. 宣布封闭工厂为非法，但工会工厂仍然可以存在。即，雇主可以雇用他所乐意雇用的任何人，而不受工会限制。

4. 宣布支援性抵制、维护管辖权罢工、强求雇主对未完成的劳务付酬是不正当的劳工行为，允许雇主以违反合同或以支援性抵制造成损失为由，对工会提出控告。

5. 工会在举行罢工前必须先发出通知，并必须有 60 天静候调查的"冷却时间"。如果是整个行业性罢工或被宣布为"危及国家繁荣与安全"的罢工，总统可以要求联邦法院发布命令，制止工会在 80 天以内举行罢工。

6. 每个工会必须向国家劳资关系委员会提供与本工会相关的资料，诸如工会的章程、附则、年度财政报告，以及领导成员的姓名与工薪。

7. 禁止共产党员担任工会领导职务；要求每个工会领导成员进行反共宣誓，说明自己不赞成共产党的观点，不鼓吹用武力或者违犯宪法的手段推翻美国政府①。

以上这些修改补充条款剥夺了劳工几十年斗争的一些成果。资产阶级在经过了暂时妥协后，又再次进行了"反攻"，《塔夫脱－哈特莱法》增加了对劳方不当劳动行为的规定，使国家和资方对工会组织有了更为严格的控制，严重束缚了工会发展的空间，并打击了共产党员。《塔夫脱－哈特莱法》极大地削弱了《瓦格纳法》给予劳工的保护，而且又不授予雇员任何新的权利。该法公布后受到劳方的严厉抵制，要求修改宪法。国家劳资关系委员会主席哈兹格等人也对此项法案进行了严厉批驳，要求杜鲁门总统行使否决权。1947 年 6 月 23 日，杜鲁门否决了法案，但两个月后，参议院和众议院分别以 68：25、331：83 的票数推翻了杜鲁门总统的否决，终于使该法生效成为法律。

但是总体来看，尽管《塔夫脱－哈特莱法》对《瓦格纳法》（《全国劳资关系法》）的修改的确减少了原来工会所获得的权利，对战后美国的工会运动造成了严重限制与制约，但是该法律并没有从根本上动摇《瓦格纳法》所确立的美国劳资关系调节系统。如法律的第七条中仍然规定："鼓励集体谈判的做法和程序，保护工人充分的结社自由、自己组织起来的自由及指定他们自己选择代表的自由，以便对他们的就业条件进行谈判或就其他问题进行互助或互相保护。"美国劳工组织的工会权和争议解决权最终还是受到了宪法的保护。可以说，劳工经过艰苦奋斗争取到的宪法权益已经深入人心，接受《瓦格纳法》所推动的集体谈判与工会发展已成为大势所趋。资方为了赢得更大、更多的利益不得不在某些方面承认工会的权利与政府所确立的劳资调控体系。

---

① 周剑云：《论美国劳资关系调控体系的变迁（1887—1947）》，中国人民大学博士论文，2007 年。

正如公司律师路德维格·泰勒所说:"自 1935 年以来,集体谈判得到了巨大的发展,其意义深远和复杂,是我们不能完全理解的。《瓦格纳法》以前的情形已经全无立足之地。联邦法院所发布的私人禁令也永远随风而去了……黑名单、公司支配的工会以及使用罢工破坏者,都变成了彻头彻尾的昔日的残迹。"①

这一时期美国企业雇主为了更好地发挥工人们的劳动积极性与工作效率性、缓和雇主与劳动者之间的劳资矛盾,一些大企业还逐步对企业管理进行了改革,内部开始推行"职工参与企业管理"的制度。这一制度的实施,标志着美国企业管理由原来的管束型、强制型向激励型转变。具体来说,这一管理体制主要有以下四个方面:1. 吸纳员工来参加企业管理,把具有丰富实际工作经验和一定知识文化的工人吸收到管理层里来,并培养和提高工人的综合管理能力。2. 优化劳动环境,改善劳动条件,加强劳动保护,使员工的工作热情得以保持。3. 实行员工"三自"管理,做到工作自主、自理和自治。企业会把一个阶段的工作,或一个完整的工作项目交给一个人或一个小组,上级只提出工作进程、质量、安全等有关要求和应注意的问题。4. 轮换工作,扩大工作的范围。这种工作方式既可以减少员工对重复工作的疲惫感与厌倦感,又可以为企业培养新型的复合型人才,达到了一举两得的目的。

这种新型的企业管理制度实施以后,企业内部的劳资纠纷与劳资矛盾明显得到了减缓。据一家美国研究机构的调查表明,美国企业界实施了新型的"职工参与企业管理"制度后,不仅塑造了企业的新形象,还激发了员工的工作热情与积极性,不少员工提出了大量有益的意见与建议,企业采用后提高了产量、节约了成本,劳动效率也得到了很大程度的提高。②

随着工人运动的发展、社会的进步,在经历了大萧条之后,一方面资产阶级的力量有所下降,以前所享受的不受约束的特权减少了;但另一方面他

---

① Ludwig Teller, "The Taft – Hartley Act and Government by Injunction", *Virginia Law Review*, Vol. 35, No. 1 (Jan, 1949), pp. 57 – 59.

② 陈恕祥、杨培雷:《西方发达国家劳资关系研究》,武汉大学出版社,1998 年,第 111 页。

们获取利润最大化的目标并没有改变而途径更为"健康"。他们看到要保持自己获取利润的最大化，就必须在某些方面做出一定的妥协，以退为进，分给工人阶级一小杯羹。因为只有这样才能维护社会的稳定，最终确保自己的利益不受损。新型企业管理制度正是资方为了达到这一目的而实施的一项策略，他把资方与劳方阶级对立逐步转化为劳资合作，由强迫工人阶级劳动转为激发他们自己主动劳动。并且在不动摇自己主导地位的前提下适当地发挥劳动者自己管理自己的能力，一方面提高了劳动者的地位，另一方面也创造出一批中间管理阶层，在某种程度上达到了分化工人阶级的目的。工资的提高，工作环境的改善也使工人阶级愿意安于现状。第二次世界大战以后，资本主义国家过去那种残酷的统治和镇压基本上不见了，工人大规模的罢工、游行示威也有减少趋势。这与资方统治策略的改变、社会民主化的提高以及劳资双方力量对比差距缩小都有着密切关系。

5.3 国家劳资调控体系的建立与政府职能的转变

5.3.1 以立法为主导的完整的劳资调控体制形成

执政党执政的目标是实现本阶级利益的最大化，这是它制定一切政策的出发点与归宿。但是对于执政党而言，如要实现其统治根基的稳定，仅仅实现统治阶级的意愿是远远不够的，还必须考虑其他阶级特别是对立阶级的利益①。这是因为社会是由多个阶级、阶层包括利益根本对立的那些阶级与阶层构成的，维护社会整体的稳定是实现统治阶级利益的根本前提，即需要实现社会成员对现存社会秩序与规范的认同与维护，这对国家政治、经济乃至其他社会关系方面的发展有着极为重要的作用。资本主义社会产生以来，无产阶级和资产阶级就一直是社会中最为基本的两大阶级。作为资本主义最基本

---

① 吕楠：《撒切尔政府劳资关系研究》，中国人民大学博士论文，2007 年。

的社会关系，劳资关系状况的好坏直接关系到社会发展的稳定与否。

随着社会历史的日益发展，选举等民主政治形式日益完善，对于对立阶级提出的要求，单纯依靠国家机器用暴力镇压的方式已越来越被抛弃到历史的故纸堆中去了。统治阶级愈来愈认识到，在不侵犯本阶级利益的前提下兼顾其他阶级的利益需求，采取一些怀柔政策把对立阶级纳入自己的统治秩序框架中，不仅能够缓解社会对立，还能避免直接的社会对抗的发生；且这最终可减少社会动荡，维护社会稳定与本阶级的统治秩序。

《全国劳资关系法》规定了美国劳工组织工会的权利、罢工的权利和进行集体谈判以及进行劳动争议的权利，并规定通过建立国家劳资委员会来行使国家权力确保以上劳工所获得的权利，至此，美国基本上实现了劳资关系调控的法律与机制创新，基本上确立了以立法为主导的完整的劳资关系调控体制。

1933 年 8 月 5 日，罗斯福政府创立了全国劳工委员会（National Labor Board），鉴于瓦格纳是 20 年代的劳工问题和产业经济问题的专家，罗斯福任命瓦格纳为这一机构的第一任主席。最初，罗斯福政府只是把全国劳资委员会看作一个临时性的机构，主要用于调解在大萧条中不断出现的罢工浪潮，因此该机构并没有法律地位。委员会总共由七人组成，资方利益和劳工利益代表各三人，工会的利益代表为劳联的格林、联合服装工会的希尔曼和联合矿工工会的刘易斯，政府代表为瓦格纳，代表所谓的"公众利益"。[1] 同时，全国劳工委员会还没有任何权力执行它做出的裁决，因此，它基本处于无职无权的地位。在发生劳资纠纷时，许多雇主根本不理睬全国劳资委员会的调解，委员会的工作困难重重。"其结果，全国劳资委员会在最初的几个月后，逐渐失去了作为调解机构的效力。"[2] 1934 年在《全国工业复兴法》被宣布违宪后，该委员会也随之解散。

① 　Steven Fraser, *Labor Will Rule* , *Sidney Hillman and the Rise of American Labor* . New York: The Free Press, 1991, p. 278.

② 　刘达永：《罗斯福新政时期的美国工人动态分析》，《四川师范大学学报》1988 年第 1 期。

但是随着社会的发展、形式的变化，劳资关系调节机构的作用日益突出，建立并赋予这样一个机构以更大的权力去处理劳资之间的冲突成为迫在眉睫之事，因此重新建立一个类似于全国劳工关系委员会的机构再次被提上日程。

1935 年，国会根据《全国劳资关系法》创立了国家劳资关系委员会（National Relations Board，NLRB），该委员会是一个规范劳工关系的独立的联邦机构，负责管理和规范私营部门的工会与企业之间的关系。作为《全国劳资关系法》的监管机构，主要具有以下两个主要功能：1. 通过无记名投票选举的方式，让雇员做出自由民主的选择，决定是否由一个工会来代表他们与雇主打交道，以及由哪个工会代表他们；2 防止雇主或工会采取非法行为，即不公正劳动行为，并负责纠正非法行为。委员会不主动执行这些功能，它接受不公正劳动行为的上诉，接受由委员会的各个地区办公室填写的申请。国家劳资关系委员会由两部分组成，一部分为具有准司法功能的 3 人委员会，另一部分为行政机关。3 人委员会作为一个司法实体，裁决提交的案件。国家劳资关系委员会还有一个总顾问办公室，基本独立于 3 人委员会。总顾问办公室负责对违法的行为提出控告，还负责监督国家劳工关系委员会的地区办公室的工作。委员会的主席是国家劳工关系委员会的首席执行官，也是 3 人委员会中的一员。3 人委员会的每位委员由总统提名，任期五年，但提名必须经参议院批准。委员会内部有 95 名行政法官，他们负责审理案件，并做出裁决。委员会自己不发动选举或主动控告雇主及工会采取的不公正的劳动行为，它必须接到选举和申诉的申请。国家劳资关系委员会成立后，很快成了美国联邦政府处理劳资关系的重要调节机构，委员会在存在的最初七年中，先后处理了 49 986 件案件，上诉到最高法院的有 35 件，其中除两件以外，这个委员会的决定都受到了支持。同期，国家劳资关系委员会还在工厂中主持了 6000 次以上的选举，取得了良好的效果。事实上国家劳资关系委员会已经日益变为了政府调节劳资关系最为有力和不可缺少的机构之一。国家此时已经建立起一套较为完整的调整劳资关系的体系，这个体系以《全国劳资关系法》《公平劳动标准法》《社会保险法》等一系列劳工立法为主导、以国家劳资关系委员会为实施与保障基础对劳资关系进行调节，这使美国社会逐步步入了新的发展时期。

以立法为主导的劳资关系调控体系建立后，政府作为总资本家对劳资双方进行调节。一方面使劳资矛盾得到缓和，劳方争取到了集体谈判、罢工等权益，但另一方面也使劳方纳入到了《全国劳资关系法》所规定的合法开展工会组织活动的渠道内。产联成立后越来越期望政府能够在调节劳资关系方面起更大作用，产联领导人希尔曼一直强调由资方、劳方和代表公众利益的政府共同管理工业，认为产联不是要改变竞争制度，而是竭力使这一制度运转。刘易斯更是指出"危险的情况会导致阶级觉悟和革命"，他希望这种情况要加以避免，他保证他的工会"要尽力使这个制度运转，从而避免这样的事情"①。由于一直存有这种思想，到 20 世纪 30 年代后半期，产联的一些具有战斗性的工会在经过一段时间的斗争与雇主达成协议后，就往往停止了继续战斗。工人们在国家的调控下逐渐失去了斗争锋芒。美国共产党也受到了一定影响，在增长工资、缩短工时、劳动环境得到改善、获得集体谈判权等条件的诱惑下，不少工人和工人领导安于现状，更加相信美国例外论，期望能够与政府、与资方进行合作，因此也就不再把革命推向新的阶段，这在某种程度上也成了日后美国共产党内部产生白劳德主义的诱因，美国社会主义运动发展缓慢甚至停滞也多少与此分不开。

在阶级社会中，每一种调控机制都是以维护统治阶级的权益为主要目的的，美国罗斯福时期的劳资调控体系也不例外，它首要维护的是资产阶级的权益，最终目的是要维护资本主义私有制，确保为资本追求利润的最大化提供良好的外部运行条件。但另一方面，每一种调控机制又必须在一定程度上维护社会的公共利益，否则这种调控机制就难以存在，更谈不上维护统治阶级的利益。在广大工人及其政党的抗争下，美国政府不得不考虑维护一定的公共利益，采取一些让步和照顾中下层人民的某些基本利益政策，如社会福利、组织工会等权利，以便在一定限度内缓和社会矛盾，稳定社会关系。

美国以立法为主导的劳资关系调控体系的建立有其必要性和可能性。20

---

① 张友伦、陆镜生：《美国工人运动史》，天津人民出版社，1993 年，第 670 页。

世纪 20～30 年代美国资本主义社会出现层出不穷的矛盾危机，从经济危机到社会危机，从经济大萧条到广大下层人民群众的不满与反抗；这一切都迫使统治阶级不得不认识到要维护本阶级的利益，必须要对广大劳动人民采取一定的调控政策，仅仅采用"大棒"是不够的，还要有一定的"胡萝卜"措施。美国统治阶级在实践中积累了有关处理劳资关系方面的丰富的控制管理经验，出台了一系列劳工立法，建立了劳资关系调控体系与社会保障制度，通过以工代赈积极消除失业、减少贫困，从而在一定程度上防止了资本主义痼疾的再度复发。20 世纪 30 年代大危机以后，美国很少再发生如此大规模的社会萧条与动荡，劳资关系也走上了较为平稳发展的道路，这在很大程度上要归结于罗斯福时期美国政府创设的这种调节模式与方法。

但是另一方面我们也要看到，这个调控机制仍然具有其不可摆脱的历史局限性。虽然它在一定程度上调和了劳资矛盾，但是它无法彻底解决资本主义社会劳资之间的根本矛盾；这是因为无论什么样的调控手段与体系都是为了维护生产资料的私有制以及资本追求利益的最大化，而这与社会化大生产是相互矛盾的。因此，资本主义劳资调控体系一方面在为维持资本的统治而千方百计地维护着社会的稳定，但同时它又维护了社会矛盾的根源。

5.3.2　政府成为劳资矛盾的积极调节者

在罗斯福新政以前，对于劳资之间的纠纷政府一般是不干预或者采取遏制劳方、支持资方的态度：一方面使用劳工禁令作为对付劳工组织的重要手段；另一方面，将罢工看作为社会动乱，对参与罢工的工人进行残酷镇压，甚至不惜动用军队。随着资本主义进入垄断阶段，并在经济大危机的打击下，罗斯福政府总结以前的教训，认识到：如果完全让垄断资本自行其是，不对其过分剥削行为进行限制，不增加工人工资、提高他们的购买力，经济大危机以及其带来的严重后果是不会消除的。同时，在一次次工人罢工斗争的高潮中，罗斯福政府也看到了工人阶级内部所蕴藏的巨大力量，如果继续让工人们的政治经济状况恶化，资本主义的继续运行也必然受到威胁。因此，为了维护资产阶级的统治，罗斯福政府开始从长远与总体利益出发，放弃了原来政府的自由放任政策，开始尝试改善工人群众经济、政治处境，通过实施劳工立法来缓解劳资矛盾。由此政府的角色也相应地发生了转化，政府开始成为积极的调节者，其社会职能得到加强。

首先，政府开始广泛地干预经济，着手解决工人失业问题。面对因日益贫困而不断奋起的广大下层群众，罗斯福政府意识到："饥肠辘辘的，衣衫褴褛的劳动大军不仅很难为它（资产阶级）带来高额利润，连它自身的生存也会受到威胁。"① 为此，罗斯福政府在第一个百日新政时期颁布了《联邦紧急救济法》《工赈法案》等，通过直接救济和以工代赈等方式积极解决失业问题，对经济进行一定程度的干预，以期促使经济恢复与发展。

其次，联邦政府调节劳资纠纷开始朝制度化方向发展。一方面政府开始部分地保护和支持工会活动，就工会的合法权益问题制定相关法令。以前，对工人组织工会的活动政府不予以保护，资方经常凭借《反托拉斯法》起诉实施抵制和罢工活动的工会，以达到摧毁工会的目标。20 世纪 30 年代，面对日益汹涌的大危机，罗斯福政府认识到正常的资本主义社会要顺利发展下去，就不能不使人民有相当的政治权利。只有从政治、经济两方面适度满足广大工人的要求，才可能使他们处于稳定状态，才能真正把他们吸纳到自己的统治秩序中来。为此，1933 年出台的《全国工业复兴法》以及 1935 年出台的《全国劳工关系法》都对工人组织工会以及进行集体谈判的活动进行了规定与保护。特别是《全国劳工关系法》，其规定了雇员组织和参加工会的具体权利，如集体谈判及雇员代表问题、劳动争议处理问题，并明确阐释了雇主的五种不良行为。该法的出台使劳资冲突的解决有法可依，使劳工的正当权益不受侵犯也找到了法理依据。政府过去明显偏袒资方的立场发生了扭转（或者至少进行了收敛）。另一方面，罗斯福政府建立了专门负责处理劳资关系问题的职能部门。如《全国劳工关系法》中规定设立的全国劳工关系委员会被授权主持各地工会选举，禁止并纠正雇主反工会的不公正行为等。这些机构具有调节劳资纠纷的权力，作为政府的职能部门，其将劳资冲突作为社会问

---

① 吴必康编：《英美现代社会调控机制》，人民出版社，2001 年，第 190 页。

题加以解决，降低了罢工等抗议方式给劳资双方带来的巨额经济损失，对缓和两大阶级之间的对立关系也起到了一定的作用。可以说，这些立法的出台与机构的设立标志着政府等权力机关开始发生角色转换，逐渐发展成为劳资关系不可或缺的调节者，其社会化因素得到了进一步增强。

最后，政府以强制力建立社会保险体制，分配关系开始出现社会化特征。20世纪30年代大危机抛出的1700万失业者，暴露了托拉斯和大工业时代所倡导的个人主义的弊病，且第一次百日新政时期临时应急的救济和工程计划并不能从根本上解决社会矛盾。在汤森医生、库格林神父和休伊·朗议员等人先后掀起的社会运动和工人们要求进一步解决失业问题的压力下，罗斯福总统于1935年向国会提交了社会福利法案，8月《社会保险法》正式通过生效。这一法案规定了失业救济、失业保险以及养老保险等方面的内容，从长远方向解决了"救济、减少和预防未来失业"问题，为美国建立社会保险体制、走上福利国家道路奠定了基础。其他方面，如《公平劳动标准法》等则规定了工人工作的最高工时和最低工资，使劳动者的工作处境和收入得到了保证；联邦政府第一次承担起保障工人生活的责任，基本上使收入分配关系开始朝较为公平的方向发展。

总而言之，在大萧条的背景下，为了挽救资本主义制度，美国政府不再实施自由放任的政策，一改过去完全偏袒资方的立场，从资本主义发展的长远目标出发，制定和实施了大量劳工立法。这些劳工立法的实施，一方面推进了资本主义政府"身份"的转变，使它成了劳资关系的积极调节者，其社会化因素大大增强；另一方面也使原有劳资力量对比发生变化，在劳工立法的促动下，美国工人工会组织蓬勃发展，工人力量得以壮大，而公司力量在失去政府的一味支持后相对有所下降。同时，在劳工立法的作用下，劳工运动出现社会化特征，走上了在资本主义制度内争取改善自己政治、经济处境的道路；资产阶级无论甘愿与否，也部分地承认了工人工会的权利，接受了大工业工会化和新政政府的改革要求，开始走向了民主工业的道路，在相当程度上也可以说其出现了一定的社会主义特征。基本上，在劳工立法的影响下，美国劳方、资方、政府新的三方格局形成，这一具有社会化特征的格局的形成不仅使美国度过了 20 世纪 30 年代的大危机，还对日后美国社会的发展，乃至世界资本主义的发展都产生了深远影响。可以说，格局中各方社会化特征的出现在一定程度上体现了美国资本主义社会主义化倾向的萌芽，美国开始超越国家垄断资本主义，进入具有社会主义特征的资本主义发展新阶段。这一点在罗斯福新政之后近 70 年美国和世界资本主义的发展态势中，可以看得更清楚。

结　语

　　20 世纪 30 年代是一个充满危机、动荡不安和急剧变化的时代，面对庞大的失业队伍以及不断涌起的工人运动，在各种因素的作用下，罗斯福总统迅速行动起来推出了劳工立法、社会保障、以工代赈等措施来缓和危机、稳定社会。其中劳工立法措施涉及面之广、内容之全是前所未有的，社会保障制度的实施开辟了美国社会保障制度的先河，以工代赈工程为以后历届政府乃至世界各国所效仿，这些措施都在一定程度上改善了劳工的生活处境，并保证了工人们组织工会、进行集体谈判的权利，使美国工会在这一时期得到了飞速的发展，大大壮大了美国工人阶级的力量；改善了工人的经济、政治环境，使美国工人们的工作条件、生活水平都得到了相当程度的改善。但是另一方面，它也磨损了劳工运动的激烈锋芒，对美国的社会主义运动的衰退起了一定作用。新政时期的劳工立法，如《全国产业复兴法》《全国劳资关系法》以及《公平劳动标准法》等大都规定了工人的最低工资与最高工时，改善了工人们的劳动条件，使工人在没有增加劳动强度下，逐渐获得了实际工资的增加和物质生活水平的提高。据统计，美国所有雇员的实际收入，"按1914 年美元计算，1933～1941 年依次分别为：811（美元）、800、810、810、830、880、868、915、1018，而日用品的价格指数如：以 1914 年为 100，1933～1941 年依次分别为 128.8、136.7、138.1、143.1、140.6、138.4、139.5、146.5"[①]，食品、衣物、住房价格也都平均下降了 3 个多百分点。工资增加，物价下降，工人消费生活水平随之有了提高，而"一切政治斗争都

---

① 刘达永：《罗斯福新政时期的美国工人动态分析》，《四川师范大学学报》1988 年第 1 期。

是阶级斗争，而任何争取自身解放的阶级斗争归根结底是围绕着经济上的解放而进行的"①，在大多数情况下，工人罢工是为了争取自身的经济利益。而实际工资的提高、生活水平的改善使工人的现实经济要求得到了满足，工人们进行深入斗争的动力随之被削弱，因此在这种情况下工人们往往会安于现状，减少罢工。据调查从 1931 年～1940 年，广大劳工基本上处于静态，参加罢工的人数逐年下降，所占受雇人员比例不足 8%，约有 93.7%～98.3% 的工人未参加罢工。可以说，生活水平的提高、经济利益的满足，使美国工人失去了进行更深入争取权利斗争的动力，他们更加信奉"做一天公平的工作，得一天公平的工资"的保守格言。他们满足于现实的状况，希望能够通过努力工作步入中产阶级行列。

另外，新政时期工会力量虽然在数量上有了较大规模的扩充，但是从另一方面来讲，由于政府为工会提供了大量的方便，因此，工会在享有这些权利时也就不可避免地在一定程度上要服从于政府。过去劳资谈判主要是工会与雇主之间的私下协议，劳工立法实施后，其中不仅规定了资方必须遵守的条款，也对工会组织进行了约束。广大工人和工会在享受了政府给予的权利的同时也必然要履行"义务"，受其限制。同时由于联邦委员会等部门的成立使工会如产联的谈判代表受其控制，因此大部分工会纳入到了资本主义国家的法律体系框架内，工会也不能像以前一样较自由地按自己的路线开展活动。这样很容易使工会组织出现右倾色彩。事实上，日后美国工会出现官僚化与保守化的倾向与这一点也是分不开的。

同时劳工立法中承认组织工会、工人集体谈判的权利，使工人们更加深信美国传统特有的"美国例外论"观念，迷惑于美国的民主制度。正是这一原因，美国劳联、产联乃至美国共产党都先后不自觉地主张"阶级合作"，走上了支持资产阶级统治的道路，给美国工人运动以极大的创伤，使美国工人运动一直落后于其他资本主义国家，长时间处于停滞状态。

总体来看，罗斯福新政时期采取一系列劳工政策进行的自我调节，依然

① 《马克思恩格斯选集》（第四卷），人民出版社，1995 年，第 25 页。

是这样一种消极的"扬弃",是资本与劳动的一种妥协①。其通过妥协来实现政治和经济两个目标,最终达到维护垄断资产阶级统治的目的。一方面通过实施有利于劳工的劳工政策,使广大劳工、下层群众解决生存问题,既保护了经济发展所需的劳动力,又提高了社会的购买力,从而促动了经济发展,进而摆脱了经济危机、实现了经济目标;另一方面,通过劳工立法把社会中异己力量纳入自己的宪政轨道内,维持社会安全,巩固社会制度,实现政治目标。

从经济方面来看,劳工立法最直接的目标就是要使美国走出经济危机,以确保资本主义统治的正常运转。罗斯福阐述实施改善最低工资劳动者处境的立法的原因时,曾经很好地指出了这一目的。他讲道:"这些人是我们人数最多的消费集团,可是今天他们却无法维持像样的生活水准,不能购买食品、衣服和其他必需品,以保持我们的工厂和农场的运转。"② 显而易见,在当时经济危机的情况下,要在维持资本主义民主统治的基础上恢复经济,最大的推动力就是刺激国内消费,提高广大人民的购买力,而购买力的提高取决于人们的工资水平;因而只有使广大工人就业,并保证他们的基本收入才能达到这一目的。《联邦紧急救济法》等有关就业的劳工立法为工人们的就业提供了机会与保证,使就业者的基本工资也得到了确保,这就维持了工人们的购买力水平,从而促进了经济的发展。据各大工业公司的结算,1932 年赤字达34 亿美元,1933 年(新政头一年)就扭亏为盈得益 10 亿美元③。经济的发展维护了资产阶级获取利润的基本利益,同时也保障了资本主义的快速正常运行。

从社会政治方面来看,实施《全国产业复兴法》和《全国劳动关系法》等法律使工人组织工会、进行集体谈判的权益合法化,这就把广大工人纳入

---

① 从资本与劳动的关系来说,资本是以劳动为存在前提的,因此资本也就不能不在一定程度上顾忌提供劳动的广大工人的情绪,这实际是一种妥协。

② B. D. Zevin, *Nothing to Fear : the Selected Addresses of Franklin Delano Roosevelt , 1932 —1945.* Boston: Houghton Mifflin Co, 1946, p. 122.

③ 黄安年:《20 世纪美国史》,河北人民出版社,1989 年,第 163 页。

了资本主义统治的秩序内。这是因为：首先，法律保证了工会活动的合法性，也就必然对其进行种种限制。其次，工人经济权利、政治要求都得到了一定程度的满足，因此他们就失去了深入进行阶级斗争的动力，工人们的斗志逐渐消弭，工人运动也因此不能更进一步发展、提出更高的政治目标。比如《社会保险法》的实施最终目的就是为了维持社会稳定，巩固资本主义制度。这是由于"一个期待领取养老金的人是最守本分的，也是最容易驯服的"[1]。工人们要想获得权利的保护，就要遵守资产阶级的法律制度。诚如恩格斯曾经指出的："资产阶级亦装出一副大悲大慈的样子——但也只是在他们自己利益需要的时候才如此……他们不会白白地施舍，他们把自己的施舍看作一笔买卖，他们和穷人做买卖，对穷人说：'我为慈善事业花了这么多钱，我就买了不受你们搅扰的权利。'"[2] 事实上，罗斯福实施劳工立法的目的也正在于此，并最终通过把体制外因素纳入体制内，给予他们以经济、政治上的一定好处来赢得他们对现有体制的认同，以促进经济发展、维持社会稳定，从根本上维护资产阶级的利益与统治。

正是由于这些立法措施没有超出资本主义生产方式的范围，没有改变资本主义的私有制与分配制度，因此它也不可能真正解决失业与社会公平问题。首先，从就业情况来看，尽管罗斯福新政时期通过了大量救济法、建立了公共工程署等执行部门以解决失业问题，但是令"新政人士无法回避的事实乃是，无论他们做些什么，总是不足以扭转衰退，即使到了1939年，仍有1000万人失业"[3]。其次，从维护社会公平、防止两极分化来看，尽管《社会保险法》等实施的福利政策对两极分化起到了一定的抑制作用，但由于其出发点是维护资本追求最大利润的本性，因此其程度非常有限，充其量只是把握到不致激起穷人造反的程度，而绝不可能阻止两极分化愈演愈烈。据统计，在实施《社会保险法》近十年后，美国从1944年至1950年，美国收入最高的

---

① 彭华彰：《社会保障法的基本理论问题研究》，北京大学博士论文，2001年。

② 《马克思恩格斯全集》（第二卷），人民出版社，1956年，第567–568页。

③ 莫里森塞缪尔·埃利奥特：《美利坚共和国的成长》，南开大学历史系美国史研究室译，天津人民出版社，第679页。

五分之一的人，其收入占全国总收入的百分比由 45.8% 上升到 46.1%，而收入最低的五分之一的人则从 4.9% 下降到 4.8%①。从这些数字中我们可以看到美国贫富差距不但没有减少多少，相反还在一定程度上有所扩大。

但是从另一角度来看不可否认，罗斯福的劳工政策不仅推进了美国劳资关系调控体系特别是劳工立法的历史进程，而且在世界劳工关系调控历史上也具有重大的意义，其中许多方面值得我们借鉴。第一，将政策法律化，通过法律手段推行国家政策。一方面可以使政策统一，利于政策的贯彻执行；另一方面又使政府行为有实施依据，为保障劳资关系正常有序运转营造良好的法律环境。目前我国虽已出台了《劳动法》，但是整体来看整个劳动法系统还不够完善，由于劳资关系的矛盾、纠纷是十分复杂的，所以我们应该吸取罗斯福劳工立法政策的经验，不断完善其他方面的劳工立法，在贯彻落实《劳动法》的基础上，尽快制定《劳动关系法》《工资工时法》《劳动合同法》《社会保险法》等单行法律，使之形成一个完整的体系。第二，建立劳动关系三方协调机制，认真执行集体谈判制度。我国已经实施了市场经济，特别是中国在入世以后，随着劳动力市场的发展和完善，劳动关系日益市场化、企业化、契约化、多元化，从而使过去的国家、企业、劳动者三方利益格局逐渐演变为政府、资方、劳方新的三方利益格局。因此我们应该调整原来处理劳动关系的方法，汲取当前乃至历史上其他国家的经验。建立劳资关系协调制度，完善集体谈判制。"集体谈判制度是市场经济体制的客观要求，是劳动力市场形成的有效保证，是政府职能转变的迫切需要，要依据党的十五届四中全会提出的'进一步理顺劳动关系，认真执行劳动合同和集体合同制度''坚决维护职工的经济利益'，'依法进行平等协商'的精神"② 进行培育、完善。

另外，除罗斯福时期劳工立法、以工代赈等劳资关系调节政策本身的积极因素值得我们学习外，其通过把社会体制外的因素纳入自己宪政体制内来

---

① Thomas R. Dye, *Who's Running America?* New Jersey：Prentice‑Hall, 1986, p. 44.

② 曾国文：《我国市场经济下劳资关系的法律调整》，苏州大学硕士论文，2001 年。

处理社会矛盾的方法，也值得我国现时期加以参考。20世纪前期，西方资本主义的各种矛盾经常处于失控状态，世界性战争和经济危机不断爆发。于是，建立一种更为完善和适用的社会控制系统①成为当务之急。罗斯福政府在大危机的背景下，采取了应用法律手段来调节劳资关系的方法，建立了以法律为基础的大社会控制系统。一方面运用法律对资本家的行为进行规范，另一方面适当满足工人要求特别是经济要求，并把他们纳入到社会管理体系中来。这样使劳资双方的行为都不会溢出资本主义的根本要求之外，既安抚了工人、维持了社会稳定，又从长远上维护了资本主义的利益、巩固了资产阶级的统治。可以说达到了"双赢"的目的。现阶段，我国处于社会转型期，社会利益日益分化，建立一种新的社会整合机制以有效解决社会发展中的新矛盾，也成为我们亟待解决的问题。借鉴罗斯福劳工立法的成功经验，通过制定实施《劳动法》，切实保障劳动者权益的维护，真正吸纳社会弱势群体，使他们对我国社会制度形成认同感，只有把他们规范到我国的社会秩序内才能真正保持我国社会的稳定。其次，随着我国私营、外资企业的发展，劳资矛盾逐渐出现，解决劳资矛盾也成为维护我国社会稳定、促进经济发展的必要因素。罗斯福政府通过劳工立法的途径把劳资双方都整合到法律范围内的做法值得我们借鉴。我国实际上也应采取法律手段对劳资双方进行调解，以减少相互矛盾、提高双方的积极性，真正为我国经济的发展提供推动力。

---

① 所谓社会控制系统，是指一个社会为保证其成员的行为与观念符合该社会的特定规范从而使社会得以延续的一系列措施与制度。它对社会起到稳定的作用。

参考文献

（一）中文

[1]《马克思恩格斯全集》，第 1 卷，人民出版社 1995 年版。

[2]《马克思恩格斯选集》，第 2 卷，人民出版社 1995 年版。

[3]《马克思恩格斯选集》，第 4 卷，人民出版社 1995 年版。

1. 译著类

[1] 阿瑟·林克、威廉·卡顿：《一九〇〇年以来的美国史》（上），刘绪贻、王锦、李世洞等译，中国社会科学出版社，1983。

[2] 奥尔登·哈奇：《罗斯福外传》，贺哈定、缪华伦、陆昇译，江西人民出版社，1982。

[3] 布卢姆·J 等：《美国的历程》，杨国标、张儒林译，商务印书馆，1989。

[4] 查尔斯·A. 比尔德：《美国政府与政治》，商务出版社，1987。

[5] 戴安娜·M. 迪尼托：《社会福利：政治与公共政策》（第五版），中国人民大学出版社，2007。

[6] 戴维斯：《新经济学家和旧经济学家们》，衣阿华大学出版社，1971。

[7] 丹尼尔·奎因·米尔斯：《劳工关系》，李丽林、李俊霞等译，机械出版社，2000。

[8] 德怀特·L. 杜蒙德：《现代美国》，宋岳亭译，商务出版社，1984。

［9］弗·斯卡皮蒂：《美国社会问题》，刘泰星、张世灏译，中国社会科学出版社，1985。

［10］G. H. 埃尔德：《大萧条的孩子们》，田禾、马春华译，译林出版社，2002。

［11］霍华德·津恩：《美国人民的历史》，许先春等译，上海人民出版社，2000。

［12］理查德·霍夫施塔特：《美国政治传统及其缔造者》，商务印书馆，1994。

［13］理查德·霍夫斯达特：《改革时代——美国的新崛起》，俞敏洪、包凡一译，河北人民出版社，1989。

［14］理查德·雷恩：《政府与企业——比较视角下的美国政治经济体制》，复旦大学出版社，2007。

［15］罗伯特·A. 高尔曼：《劳动法基本教程》，马静等译，中国政法大学出版社，2003。

［16］罗斯福：《罗斯福选集》，关在汉编译，商务出版社，1982。

［17］迈克尔·麦德维德：《影子总统——总统及其高级助手的秘史》，新华出版社，1985。

［18］迈克尔·桑德尔：《民主的不满美国在寻求一种公共哲学》，凤凰出版传媒集团，2008。

［19］美国劳工部劳动统计局编：《美国劳工运动简史》，邢一译，工人出版社，1980。

［20］诺曼·杰·奥恩斯坦、雪利·埃尔德：《利益集团、院外活动和政策制订》，潘同文、陈永易、吴艾美译，世界知识出版社，1981。

［21］乔·库斯金德：《凯恩斯主义和美国经济危机》，世界知识出版社，1959。

［22］威廉·爱·洛克滕堡：《罗斯福与新政》，朱鸿恩、刘绪贻译，商务印书馆，1993。

［23］威廉·福斯特：《美国共产党史》，梅豪士译，世界知识出版

社，1957。

[24] 威廉·曼彻斯特:《光荣与梦想》,商务印书馆,1978。

[25] 约翰·F. 沃克、哈罗德·G. 瓦特:《美国大政府的兴起》,重庆出版社,2001。

[26] 狄克逊·韦克特:《大萧条时代 1929—1941》,秦传安译,新世界出版社,2008。

[27] 端木义万:《美国社会文化透视》,南京大学出版社,1999。

[27] 花菊香:《社会政策与法规》,宋林飞译,社会科学文献出版社,2002。

[28] 瓦尔加主编:《世界经济危机 1848—1935》,世界知识出版社,1959。

[29] 谢·阿·达林:《第二次世界大战后美国国家垄断资本主义》,三联书店,1975。

2. 专著

[1] 陈蒙蒙:《美国社会保障制度研究》,江苏出版社,2008。

[2] 陈恕祥、杨培雷:《西方发达国家劳资关系研究》,武汉大学出版社,1998。

[3] 程汉大:《英国政治制度史》,中国社会科学出版社,1995。

[4] 邓大松、李玲主编:《社会保障问题研究 2005》,中国劳动社会保障出版社,2006 年。

[5] 龚莉:《就业和社会保障》,人民出版社,1996。

[6] 韩启明:《建设美国——美国工业革命时期经济社会变迁及其启示》,中国经济出版社,2005。

[7] 胡代光等:《凯恩斯主义的发展和演变》,清华大学出版社,2004。

[8] 胡连生、杨玲:《当代资本主义双重发展趋向研究》,人民出版社,2008。

[9] 黄安年:《20 世纪美国史》,河北人民出版社,1989。

[10] 黄贤金、王孝询:《美国政治与政府调控——美国历史述评》,中国社会科学出版社,2008。

［11］李剑鸣、杨令侠主编：《20 世纪美国和加拿大社会发展研究》，人民出版社，2005。

［12］李剑鸣：《大转折的年代——美国进步主义运动研究》，天津教育出版社，1992。

［13］蓝志勇、孙春霞编：《实践中的美国公共政策》，中国人民大学出版社，2007。

［14］梁晓滨：《美国劳动市场》，中国社会科学出版社，1992。

［15］刘绪贻、杨生茂主编：《富兰克林·D. 罗斯福时代 1929—1945》，人民出版社，1994。

［16］刘绪贻：《20 世纪以来美国史论丛》，中国社会科学出版社，2001。

［17］陆镜生编：《美国人权政治——理论和实践的历史考察》，当代世界出版社，1997。

［18］邱敦红：《中西民主政治论》，中国工人出版社，1992。

［19］沈汉：《西方国家形态史》，甘肃人民出版社，1993。

［20］王庆安：《"伟大社会"改革——20 世纪美国社会改革及启示》，新华出版社，2008。

［21］王益英主编：《外国劳动法和社会保障法》，中国人民大学出版社，2000。

［22］吴必康编：《英美现代社会调控机制》，人民出版社，2001。

［23］薛小建：《论社会保障权》，中国法律出版社，2007。

［24］张国庆：《总统们：美国崛起的"秘密武器"》，上海人民出版社，2007。

［25］张世鹏：《20 世纪末西欧资本主义研究》，中国国际广播出版社，2003。

［26］张友伦、李剑鸣主编：《美国历史上的社会运动和政府改革》，天津教育出版社，1992。

［27］张友伦、陆镜生：《美国工人运动史》，天津人民出版社，1993。

3. 期刊论文

［1］安启念：《资本主义社会基本矛盾的新特点与社会主义》，《马克思主义研究》2000 年第 4 期。

［2］曹文振：《经济全球化时代资本主义的新变化》，人大复印资料《社会主义论丛》2001 年第 1 期。

［3］陈振明：《西方马克思主义的当代资本主义社会变革理论》，人大复印资料《马克思主义列宁主义研究》1998 年第 2 期。

［4］池元吉：《试析战后西方国家经济的十大变化》，《吉林大学社会科学学报》1995 年第 2 期。

［5］韩秋红、张海鸥：《当代资本主义社会的基本特征》，《马克思主义研究》2000 年第 4 期。

［6］何炜：《西方政府职能理论的源流分析》，《南京社会科学》1999 年第 7 期。

［7］侯廷智：《对资本主义社会发展的逻辑》，《政法论坛》1999 年第 2 期。

［8］胡连升：《论当代资本主义的双重发展趋向》，《中共中央党校学报》2002 年第 2 期。

［9］黄安年：《富兰克林·罗斯福和 1935 年社会保障法》，《世界历史》1993 年 5 月。

［10］黄安年：《美国三十年代大危机观评述》，《世界历史》1986 年 9 月。

［11］黄河：《从美国新经济看国家干预的变化和发展趋势》，人大复印资料《理论经济学》2001 年第 10 期。

［12］黄河：《对国家干预的再认识及其意义》，人大复印资料《国民经济管理》2002 年第四期。

［13］姜鲁鸣：《关于当代资本主义发展的几个问题》，《青海社会科学》2000 年第 2 期。

［14］蒋劲松：《论新政至二战时期美国劳工运动社会化》，《世界历史》

1991 年第 1 期。

[15] 居占杰:《资本主义的发展及其历史趋势》,《社会主义研究》2002 年第 4 期。

[16] 李会欣:《当代资本主义基本矛盾的新变化论析》,人大复印资料《社会主义论丛》2002 年第 4 期。

[17] 刘达永:《罗斯福的"社会保险"政策及其政治色彩》,《四川师范大学学报》1985 年第 3 期。

[18] 刘达永:《罗斯福新政时期的美国工人动态分析》,《四川师范大学学报》1988 年第 1 期。

[19] 刘达永:《罗斯福新政时期劳工立法的实质》,《四川师范大学学报》1984 年第 2 期。

[20] 刘达永:《罗斯福政府是如何处理资产阶级内部关系的?》,《四川师范大学学报》1988 年第 1 期。

[21] 刘天祥、陈乐一:《西方国家宏观调控的理论与实践》,《湖南商学院学报》1994 年第 2 期。

[22] 陆剑杰:《试论资本主义社会发展的逻辑》,《南京市委党校学报》2003 年第 3 期。

[23] 陆甦颖:《胡佛与美国 1929—1933 年大萧条——重评胡佛的反萧条措施》《华东师范大学学报》(哲学社会科学版),2002 年 1 月。

[24] 陆彦明:《当代资本主义新变化研究综述》,人大复印资料《社会主义论丛》2003 年第 6 期。

[25] 罗文东:《当代资本主义的新变化与世界社会主义的发展前景》,《马克思主义研究》2003 年第 4 期。

[26] 全承相:《美国劳工问题及其治理方略》,《湖南省政法管理干部学院学报》1999 年第 3 期。

[27] 任泽民、阎友民、梁满光、赵越:《美国劳资关系制度调整的若干方面》《中国劳动科学》1995 年第 1 期。

[28] 沈玉:《浅论罗斯福"新政"中的就业成绩》,《兰州大学学报》

2001 年第 1 期。

　　［29］隋永舜：《刍议美国劳工立法的历史演进》，《工会论坛》2002 年 4 月。

　　［30］田华：《论罗斯福"新政"对美国社会保障制度的影响》，《云南行政学院学报》2000 年第 6 期。

　　［31］万雪梅：《罗斯福新政如何解决失业问题》，《历史教学》2003 年第 11 期。

　　［32］王豪才：《罗斯福"新政"社会福利救济措施的背景及作用》，《湘潭大学社会科学学报》2002 年第 2 期。

　　［33］王正文：《罗斯福新政时期法制政策述评》，《固原师专学报》2002 年 9 月。

　　［34］王正文：《浅析罗斯福新政中的就业思想及措施》，《宁夏党校学报》2000 年第 5 期。

　　［35］吴茜：《当代资本主义的新变化及其发展趋势》，《国际论坛》2003 年第 3 期。

　　［36］吴晓天：《美国〈社会保障法〉的历史探析》，《学海》2003 年第 3 期。

　　［37］吴中宇、胡仕勇：《美国社会保障制度发展的理念基础及其启示》，《华中科技大学学报》（社会科学版），2003 年第 6 期。

　　［38］谢新辉：《论大萧条时期美国社会与人民生活》，《湛江师范学院学报》2002 年第 2 期。

　　［39］徐煜：《论罗斯福的再就业工程》，《武汉理工大学学报》（社会科学版），2001 年第 2 期。

　　［40］徐崇温：《如何认识国家干预和资本主义社会的新变化》，《马克思主义研究》2001 年第 4 期。

　　［41］徐再荣：《当代美国的福利困境与福利改革》，《史学月刊》，2001 年第 6 期。

　　［42］徐再荣：《里根政府的管制改革初探》，《世界历史》2001 年第

6 期。

[43] 杨乐强：《试论西方马克思主义的资本主义同化理论》，人大复印资料《马克思主义列宁主义研究》1998 年第 11 期。

[44] 俞良早：《社会主义历史进程和资本主义历史进程的比较》，《上海社会科学院学术季刊》2001 年第 2 期。

[45] 臧秀玲：《当代资本主义的新变化及其趋向》，《文史哲》1996 年第 6 期。

[46] 周小亮：《凯恩斯主义与马克思主义危机成因的理论差异与启示》，《当代财经》，2000 年第 4 期。

[47] 朱国宏：《正确认识发达资本主义国家的自我调节，改良和改善》，《复旦大学学报》（社科版）2000 年第 6 期。

[48] 卓越：《政府职能化比较》，《国家行政学院学报》2001 年第 3 期。

[49] 王朝霞：《美国最低工资立法述评》，中国人民大学硕士论文，2003 年。

[50] 黄进：《从国际共运看罗斯福新政——试论资本主义需求积累模式的建构和作用》，中国人民大学博士生论文，1992 年。

[51] 李会欣：《战后美国工会运动研究》，北京大学博士论文，2003 年。

[52] 刘诚：《社会保障法比较研究》，北京大学博士论文，2002 年。

[53] 刘立松：《试论罗斯福新政对文化领域的救济》，辽宁大学硕士论文，2004 年。

[54] 刘丽华：《美国工业化时期工人的工作和生活研究》，南开大学博士论文，2004 年。

[55] 吕楠：《撒切尔政府劳资关系研究》，中国人民大学博士论文，2007 年。

[56] 杨民刚：《经济危机与当代资本主义》，山东大学博士论文，2005 年。

[57] 周剑云：《论美国劳资关系调控体系的变迁（1887—1947）》，中国人民大学博士论文，2007 年。

（二）外文书目

1. 专著

［1］ *The Healthy Workplace Initiative：a New Deal for a Better Workplace.* Bilbao，Spain：European Agency for Safety and Health at Work，2006.

［2］ Alan Lawson，*A Commonwealth of Hope：the New Deal Response to Crisis.* Baltimore Johns Hopkins University Press，2006.

［3］ Alfred D. Chandler，Jr.，*The Visible Hand：The Managerial Revolution in American Business.* New York：Belknap Press，1993.

［4］ Alvin L. Goldman，*Labor Law and Industrial Relations in the United States of America.* Kluwer Law and Taxation Publishers，1984.

［5］ Andrew J. F.，*Limits of Voluntarism：Charity and Welfare from the New Deal through the Great Society.* New York：Cambridge University Press，2008.

［6］ Anthony J. Badger，*The New Deal：the Depression Years，1933—1940.* Houndmills，Basingstoke，Hampshire：Macmillan，1989.

［7］ Anthony Ogus，*Regulation，Legal From and Economic Theory.* Oxford，1994.

［8］ Arthur M. Schlesipger，Jr.，*The Age of Revolution：the Polities of Upheaval .* Boston，1960.

［9］ Arthur M. Schlesinger，*The Coming of the New Deal.* Boston：Houghton Mifflin，1958.

［10］ B. D. Zevin，*Nothing to Fear：the Selected Addresses of Franklin Ddlano Roosevelt，1932—1945 .* Boston，1946.

［11］ Bernard Asbell，*The F · D · R Mermoirs.* New York：Doubleday，1973.

［12］ Bernstein Irving，*A Caring Society：the New Deal，the Worker，and the Great Depression：a History of the American Worker，1933—1941 .* Boston：Houghton Mifflin, 1985.

[13] Boyer, Richard O. and Herbert M. Morais, *A History of the American Labour Movement.* London: John Calder, 1956.

[14] Clawson, Dan, *The next Upsurge : Labor and the New Social Movements* . Ithaca: ILR Press, 2003.

[15] David M. Kennedy , *Freedom from Fear: the American People in Depression and War, 1929 — 1945* . New York: Oxford University Press, 2001.

[16] David P. Billington and Donald C. Jackson, *Big Dams of the New Deal era: a Confluence of Engineering and Politics.* Norman: University of Oklahoma Press, 2006.

[17] David, Milton, *The Politics of U. S. Labor: from the Great Depression to the New Deal.* New York: Monthly Review Press, 1982.

[18] E. Thomas Ewing & David Hicks, editors. *Education & the Great Depression: Lessons from a Global History* . New York: Peter Lang, 2006.

[19] Edward L. Glaeser and Claudia Goldin, *Corruption and Reform: Lessons from America's Economic History.* Chicago: University of Chicago Press, 2006.

[20] G. Majone, *Deregulation or Re – regulation?* Pinter Press, 1990.

[21] Henrys, Commager, *Documents of American History.* New York: Prentice Hall , 1962.

[22] Jacob Fisher, *The Response of Social Work to the Depression.* Boston: G. K. Hall, 1980.

[23] John Allen and Doreen, *Massey, Restructuring Britain: the Economy in Question,* London: Hodder and Stoughton, 1988.

[24] John F. Bauman, Thomas H. Coode, *In the Eye of the Great Depression: New Deal Reporters and the Agony of the American People.* Northern Illinois University Press, 1988.

[25] John Gunther, *Inside U · S · A.* New York: Harper & brothers, 1947.

[26] Jonathan Alter, *The Defining Moment: FDR's Hundred Days and the*

Triumph of Hope. New York: Simon & Schuster, 2006.

[27] K. Dyson, *The Politics of German Regulation.* Dartmouth, 1992.

[28] Kim Quaile Hill , *Democracies in Crisis: Public Policy Responses to the Great Depression.* Westview Press, 1988.

[29] Mario Einaudi, *The Roosevelt Revolution* . New York: Harcourt, 1959.

[30] Matthew A. Kelly, *Labor and Industrial Relations.* Baltimore: Johns Hopkins University Press, 1987.

[31] Michel Aglietta, *A Theory of Capitalist Regulation.* London: Verso, 2000.

[32] Mitchell, Broadus, *Depression Decade : from New Era through New Deal , 1929—1941.* Armonk, N. Y. : M. E. Sharpe, 1947.

[33] Patrick D. Renshaw, American Labour and Consensus Capitalism, 1935—1990. Macmillan Education Ltd, 1991.

[34] Paul Conkin, *The New Deal.* New York: Thomas Carlo Press, 1972.

[35] Philip S. Foner, *History of the Labor Movement in the United States.* New York: International Publishers, 1982.

[36] R. Boyer, *The Regulation School: A Critical Introduction.* New York: University of Columbia Press, 1990.

[37] Randall E. Parker, *Reflections on the Great Depression.* Cheltenham, UK, Northampton, MA, USA: Edward Elgar, 2002.

[38] Rexford G. Tugwell, *The Democratic Roosevelt: a Biography of Franklin. D. Roosevelt.* New York: Doubleday, 1957.

[39] Rhonda F. Levine, *Class Struggle and the New Deal: Industrial Labor, Industrial Capital, and the State.* Lawrence, Kan. : University Press of Kansas, 1988.

[40] Stein, Emanuel, *Labor and the New Deal.* New York: F. S. Crofts & co, 1934.

[41] Temin, Peter, *Lessons from the Great Depression.* Cambridge, Mass. : MIT Press, 1989.

[42] Thomas R. Dye, *Who's Running America*? New Jersey: Prentice – Hall, 1986.

[43] Trattner, Walter I, *From Poor Law to Welfare State*: *a History of Social Welfare in America* (Fourth Edition). New York: The Free Press, 1989.

2. 论文（均摘自 JSTOR 外文数据库 http://links. jstor. org）

[1] Howard D. Samuel, "Troubled Passage: the Labor Movement and the Fair Labor Standards Act." *Monthly Labor Review* (December, 2000).

[2] Carl Swidorski, "From the Wagner Act to the Human Rights WatchReport: Labor and Freedom of Expression and Association, 1935—2000." *New Political Science*, Vol. 25, No. 1 (2003).

[3] David A. Mccabe, "The Effect of New Deal Legislation Upon Industrial Relations." *The Ametican Economic Review*, Vol. 26, No. 1.

[4] Michael Wallace, Beth A. Rubin, Brian T. Smith, "American Labor law: Its Impact on Working – Class Militancy, 1901—1980", *Social Science History*, Vol. 12, No. 1 (Spring, 1988).

[5] Arthur B. Lathrop, "Labor Law: Objectives Test for Determining the Legality of Labor Activities", *Michigan Law Review*, Vol. 41, No. 6 (Jun. 1943).

[6] Daniel B. Cornfield, "The US Labor Movement: Its Development and Impact on Social Inequality and Politics", *Annual Review of Sociology*, Vol. 17 (1991).

[7] Milton Derber, "Collective Bargaining: the American Approach to Industrial Democracy", *Annals of the American Academy of Political and Social Science*, Vol. 431, Industrial Democracy in International Perspective (May, 1977).

3. 网站类资料

[1] *Bureau of Economic Analysis.*

Available at http://newdeal. feri. org.

[2] *The National Labor Relations Act.*

Available at http://www. bea. gov.

［3］ http：//www. archives. gov/federal – register/codification.

［4］ http：//www. lawschools. findlaw. com.

［5］ http：//www. labor and employmentlaw. bna. com.

［6］ http：//www. hrle. gov. nl. ca.

［7］ http：//www. flra. gov.